初中必读名著

「树状」思维导读

张待娣 ◎ 著

安徽师范大学出版社

ANHUI NORMAL UNIVERSITY PRESS

·芜湖·

图书在版编目(CIP)数据

初中必读名著"树状"思维导读 / 张待娣著.— 芜湖:安徽师范大学出版社,2023.7
ISBN 978-7-5676-6256-8

Ⅰ.①初… Ⅱ.①张… Ⅲ.①阅读课—初中—教学参考资料 Ⅳ.①G634.333

中国国家版本馆CIP数据核字(2023)第131336号

初中必读名著"树状"思维导读   张待娣◎著
CHUZHONG BIDU MINGZHU SHUZHUANG SIWEI DAODU

责任编辑:何章艳   责任校对:蒋 璐 卫和成 吴梦尧
装帧设计:王晴晴 汤彬彬   责任印制:桑国磊
出版发行:安徽师范大学出版社
         芜湖市北京中路2号安徽师范大学赭山校区
网   址:http://www.ahnupress.com/
发 行 部:0553-3883578 5910327 5910310(传真)
印   刷:江苏凤凰数码印务有限公司
版   次:2023年7月第1版
印   次:2023年7月第1次印刷
规   格:700 mm×1000 mm 1/16
印   张:12.25
字   数:192千字
书   号:ISBN 978-7-5676-6256-8
定   价:45.00元

凡发现图书有质量问题,请与我社联系(联系电话:0553-5910315)

关于名著"树状"思维教学模式的思考

初中语文统编教材设置了 12 个导读专题，推荐了 36 部名著，其中 12 部是必读名著，24 部是自主阅读名著。本书精选其中 10 部必读名著作"树状"思维导读讲解。初中语文统编教材的名著阅读一改传统教材的"名著推荐与阅读"的编排形式，均以"名著导读"的形式编排到阅读教学单元中。每个"名著导读"部分均安排一篇读书方法指导，设置一个专题探究，摘录一个精彩选篇，推荐两部自主阅读名著。这一编排形式突显了对阅读方法、研究性学习、阅读拓展的关注，体现了对名著阅读教学的重视，形成了一种"课内—课外"相结合的名著阅读学习编排体系。

初中语文统编教材中"名著导读"的编写体例为广大一线语文教学工作者指明了教学改革的新方向：教会学生阅读，努力扩大学生的阅读量。

学生不会阅读，阅读量就无法提升。阅读量没有提升，学生语文素养的提升永远只是一句空话。

2022 年版《义务教育语文课程标准》对名著阅读教学提出了以下要求：

每学年阅读两三部名著，探索个性化的阅读方法，分享阅读感受，开展专题探究，建构阅读整本书的经验。感受经典名著的艺术魅力，丰富自己的精神世界。

初中语文统编教材中"名著导读"的编写体例有没有在我们的名著阅读教学中得到体现呢？当前我们初中语文名著阅读教学有没有践行《义务教育语文课程标准》（2022年版）的要求呢？

我们来看一下2024年中国新闻出版研究院组织实施的第二十一次全国国民阅读调查报告数据分析：

从未成年人的图书阅读率来看，2023年我国0—8周岁儿童图书阅读率为73.8%，较2022年的73.5%提高了0.3个百分点；9—13周岁少年儿童图书阅读率为99.4%，较2022年的99.2%提高了0.2个百分点；14—17周岁青少年图书阅读率为90.7%，较2022年的90.4%提高了0.3个百分点。

从未成年人的图书阅读量来看，14—17周岁青少年的人均课外书阅读量最多，较上年增幅相对较大。2023年我国14—17周岁青少年人均课外书阅读量为13.71本，较2022年的13.15本增加了0.56本；0—8周岁儿童人均图书阅读量为10.71本，较2022年的10.56本增加了0.15本；9—13周岁少年儿童人均图书阅读量为10.43本，较2022年的10.32本增加了0.11本。

全民阅读形象代言人朱永新教授说："一个人的精神发育史就是他的阅读史，而一个民族的精神境界很大程度上取决于这个民族的阅读水平。"大家可以对照以上数据了解一下自己的孩子或学生有没有达到所处年龄段的平均图书阅读量。如何让学生爱上阅读，扩大学生的阅读量，值得我们每个语文教育工作者去思考。

名著树状思维教学倡导的是关心，这也是名著阅读教学的起点。

首先，我向大家推荐一本书《学会关心——教育的另一种模式》，作者是美国斯坦福大学荣誉退休教授、美国教育哲学协会和约翰·杜威研究协会前任主席内尔·诺丁斯博士。

内尔·诺丁斯在这本书中主张对传统学校教育进行彻底改革，学校必须充分重视学生发展的多样性，建立一个充满关心而不是竞争的环境，对学生的各种兴趣和才能予以开发和培养。围绕这一主旨，学校的主要目的应是教育学生学会关心：关心自己，关心身边最亲近的人，关心与自己有各种关系的人，关心与自己没有关系的人，关心动物、植物和自然环境，关心人类制造出来的物品，以及关心知识和学问。

内尔·诺丁斯强调，要向学生传递这样一个信息：学校教育是通向智慧的道路。成功不能用金钱和权力来衡量，成功意味着建立爱的关系，增长个人才干，享受自己所从事的职业，以及与其他生命和地球维系一种有意义的连接。

一、对"关心"的理解

1."关心"的本质

很多人把"关心"视作"美德"和"个人品质"。内尔·诺丁斯对"关心"的看法不同于大众的看法。她提出的关心伦理强调的是关心的"关系性"：关心者与被关心者之间的一种关系，这两者处于同等重要的地位。关心最重要的意义在于它的关系性。

2."关心"的表现形式

"关心"最基本的表现形式是两个人之间的一种连接或接触。两个人中，一方付出关心，另一方接受关心，是一种付出与接受同时具备的互动关系，缺一不可。但是"关心"别人，别人感受不到"关心"，则不能称为真正的"关心"。比如说，在教育教学工作中，那种"我要我觉得，不要你觉得"的教育行为就是一种缺少"关心"的教育。"良苦用心"用在教育中也未必是个"褒义词"，是一种把"关心"的"关系性"割裂的教育。单方面付出，非对方所需，其实是破坏了"关心"这种关系。这也就是我们自认为在教育教学工作上很认真，而学生却"不识好"的原因，有时甚至出现师生对立的现象。

那么如何让我们的教育给予学生"关心"，并让学生感受到"关心"呢？

3."关心"的基本要素

"关心"的基本要素是高度专注和动机移位，这是针对关心者的心理状态来讲的。

什么是专注？专注是指关心者对被关心者的那种开放的、不加选择的接受。20世纪法国哲学家、社会活动家西蒙娜·薇依曾经写过这样一段话：

> 这种看待别人的方式是需要注意力的。你掏空自己的灵魂以便接纳你所关注的那个人。你对他不加选择，接受他的全部。只有具备了关注这种能力，你才能做到这一点。

西蒙娜·薇依这个描述非常恰当地表达了"专注"一词的意思。"专注"就是一种全身心的投入和接受。当我们真正关心一个人，我们应该认真去倾听他、观察他、感受他、接受他传递的一切信息，关注他的兴趣和需要。

反思我们的教育教学行为，我们有过很多"关心"的教育教学行为，但也有很多是缺少"关心"的教育教学行为。教师要想成为一个真正的关心者，首先必须敞开心扉接纳自己的学生。

动机移位是什么状态？就是关注对方的需要，同时也感受到一种要帮助这个人的愿望，这是一种对他人需要的回应。

内尔·诺丁斯阐述的关心伦理，对我们名著阅读教学有很多启发。

二、关注学生的阅读兴趣

我们不应该强制要求所有学生都阅读古典名著并且要通过关于名著的考试。这样做利少弊多。我们的目标是要培养孩子们对名著的兴趣。我们能做的是向孩子们提出建议，发出邀请，与他们分享阅读名著的快乐。

温儒敏先生曾提出让中小学生海量阅读，学会"连滚带爬"的阅读。海量阅读的意义在于一本书相当于一滴水，无数滴水就能汇成湖泊。学生对阅读不感兴趣，是因为书读得太少，没有找到自己感兴趣的书。我们要给学生选择阅读书籍的权利，让他们选择一些感兴趣的有益的书来读。把学生置身于书的海洋里，给学生推荐一些好书或许并不可取，帮助学生正确选择适合自己并感兴趣的书，让他们自由地读，才能让阅读成为"悦读"。

三、关注学生的阅读需要

因为每个人的个性、生活环境、阅读经验不同，所以对同一本书感受到的点也有所不同，甚至同一个人在不同的年龄阶段读同一本书的收获也是不一样的。名著阅读指导课更多的是让学生有一种阅读交流状态，组织学生去谈感兴趣的阅读话题，为学生提供机会探索人生中最重要的问题。我们必须问自己这样的问题：我想为这些孩子做什么？我能为这些孩子做什么？怀着这样的思考，我们开展阅读教学才更加有效。

同时，我们要进行关于名著阅读评价的思考，让学生的阅读需要与评价相匹配。考试评价不等于名著阅读评价，过程性评价尤为重要，比如评价学生的作业、阅读成果作品等。这些形式的评价远比一道选择题、一个简答题或论述题重要得多，这需要我们每个人去思考和实践。

四、开展阅读指导行动

当学生阅读出现"疑惑"或者"不解"时，老师要及时作出反应，要帮助他们答疑解惑，要激励他们、鼓舞他们，为他们制定阅读目标，提供具体指导。

我们可以做好以下几点阅读指导：

1.集中阅读

集中阅读不同于单篇文章阅读，需要有一定的时间进行阅读，我们要把阅读书籍提前安排在假期，让学生集中安排一周时间进行有计划的自主性阅读。

2.教师助读

钱梦龙在《导读的艺术》一书中写道:"自读,不是学生随心所欲、各取所需的'自由'阅读,而是一个有目的、有计划的训练过程。"

我们可以建立班级阅读微信群,一是为了及时地调控学生的阅读进度,二是向学生推送与阅读内容有关的资料,这些资料不仅可以激起学生持续阅读的兴趣,也能够打开他们的阅读思维空间。

3.在线交流

我们还可以在班级阅读微信群中征集学生比较关注的一些阅读话题,组织学生开展在线答疑交流活动。

4.分类整理

我们可以指导学生把自己的阅读收获进行整理、分类,并学会以树状思维导图的形式来呈现,使自己的阅读收获系统化。

在学生充分自主阅读书籍的基础上,进行课堂阅读指导。教师的指导可以保证学习的连续性,这种指导是建立在学生的阅读需要上的。如果仅仅是给予学生选择的权利,而不给他们与老师进行必要对话的机会,那么这种选择的自由很有可能导致混乱。

针对如何进行分类整理的问题,我们可以从初中语文统编教材的36部名著中建构"关心"主题的系列性话题,让名著阅读教学内容与学生过去和将来的个人生活联系起来,让学生从名著中选择自己真正感兴趣的问题来研究,实现经典育人。

例如,《傅雷家书》的"关心"主题:

日常生活中如何劳逸结合?

我们怎样做到正确理财?

我们如何正确处理恋爱和婚姻?

我们在和身边的人交往中应该注意些什么?

我们如何与自己的父母相处?

我们未来如何与子女相处?

又如,教学名著《昆虫记》时,我们可以着眼于"关心动物、植物和地球""关心知识"类的主题。例如：我们如何与动物相处？我们如何观察自己熟悉的小动物？

这些主题都与学生生活有着密切的联系，与内尔·诺丁斯提出的关心自己，关心身边最亲近的人，关心动物、植物和自然环境等主题相契合。我们可以和学生一起提出主题，让学生选择自己感兴趣的主题进行讨论和探究，在探究中培养学生的批判性思维。

5.高品质阅读

我们还可以设计一些高品质阅读，提升学生的阅读能力。高品质阅读可以激发学生自发的、自主性的内在学习动机，保持一种全身心投入的持久学习力，并依靠对问题本身的探究培育学生的高阶思维，达到深度阅读的效果。

高品质阅读设计要具备以下两个重要特征：

从认知角度看，高品质阅读设计要指向深度理解和问题解决，要对学生的认知进行挑战，与学生原有知识发生深刻交融，引导学生思维进入高层次系统，从而锻炼他们的高阶思维和问题解决能力。

从自我角度看，高品质阅读设计要围绕学生的阅读问题域设计一到两个有趣且富有挑战性的问题，能让学生以自主探索的形式去寻找问题答案，从而形成不断深化的阅读历程，并在此过程中提升阅读能力。

我们可以在班级阅读微信群中组织学生对感兴趣的话题进行交流，利用腾讯会议开启线上阅读指导直播。同时，我们要对阅读能力较弱的学生进行一对一的阅读指导，对学生阅读的"弱源头"进行诊断，进行整本书的阅读陪伴，适时地给予鼓励，进行阅读心理扶持，和学生开展不同层次的阅读对话，以满足学生的阅读心理需要。我们可以根据"21天习惯养成法则"对阅读能力较弱的学生进行21天的阅读跟踪指导，帮助他们走出阅读困境。

我们在关注学生经典阅读指导的同时，也要将阅读交流、展示活动贯穿于日常的整个语文教学活动之中。

首先，订制课前5分钟阅读交流活动。根据初中生不同年级阅读的真实状态，为学生订制系列化的"唐诗""宋词""名家名作"等经典阅读交流书单。要求学生每天于课前选择自己喜欢的阅读内容以朗诵、鉴赏等方式互相推荐，并组织学生打分，评选每日最佳阅读推荐者。这样，不仅可以使阅读活动日常化、常态化，而且为学生，尤其是班级里阅读能力较弱的学生提供了展示阅读成果的机会。经过一年时间的实践，我们的学生不仅分享了更多的经典作品，而且激发了他们阅读的欲望。

其次，规划每周1次的阅读交流课。为了使阅读交流深入化，我们每周安排1节阅读交流课，开展丰富多彩的阅读交流活动。我们把阅读交流活动的选择权、组织权完全交给学生，他们根据阅读"关心"话题开展辩论赛，或者根据初中语文统编教材推荐的《水浒传》《钢铁是怎样炼成的》《骆驼祥子》《简·爱》等小说类名著进行话剧表演；或者开展《泰戈尔诗选》《繁星·春水》等诗歌朗诵会……名著阅读不仅要着眼于文字的阅读，同时也要重视开辟阅读新渠道，让学生在阅读活动中进行创造性阅读，增加名著阅读的厚度。

最后，为了激发学生的阅读兴趣，增强学生的阅读自信，我们定期借助校内外舞台，精心策划大型的对外经典朗诵活动。

孩子们曾经写下这样深情的诗句：

简·爱说：人生而平等，我必须，我也可以平等地追求爱。

保尔说：一个人的生命应当这样度过，当他回首往事的时候不会因虚度年华而悔恨，也不会因碌碌无为而羞愧！

艾青说：为什么我的眼里常含泪水，因为我对这土地爱得深沉……

傅雷说：赤子孤独了，会创造一个世界，创造许多心灵的朋友。

法布尔说：我们所谓的美丑、脏净，在大自然那里都是没有意义的。

我懂得了平等、尊严、价值、奉献、牵挂、敬畏……

没有一艘船能像一本书，

也没有一匹骏马，

能像一页跳跃着的诗行那样，

把人带往远方，

让我们走向远方，

那是——灵魂的方向……

目　录

《朝花夕拾》：消除与经典的隔膜

导读1：鲁迅的童年

有人曾这样描述一位先生的相貌："这张脸非常不买账，又非常无所谓，非常酷，又非常慈悲，看上去一脸的清苦、刚直、坦然，骨子里却透着风流与俏皮……可是他拍照片似乎不做什么表情，就那么对着镜头，意思是说：怎么样！我就是这样！"被描述的这个人就是鲁迅。

鲁迅，原名周树人，字豫才，浙江绍兴人，出身于没落的封建家庭。中国现代伟大的无产阶级文学家、思想家和革命家，中国现代文学的奠基人，代表作有我国现代文学史上第一篇白话小说《狂人日记》，中篇小说《阿Q正传》，回忆性散文集《朝花夕拾》，小说集《呐喊》《彷徨》等。

鲁迅先生给人的印象似乎总是"躲进小楼成一统，管他冬夏与春秋"，埋首在书案中，留着严肃的一字胡，穿着长袍马褂，在那个黑暗的社会里奋笔疾书，挥斥方遒。"横眉冷对千夫指，俯首甘为孺子牛"，一双冷眼看世人，严厉地批判着一切的阴暗。而《朝花夕拾》却能带给我们不一样的感受。虽然鲁迅的这些回忆依旧掺杂着许多的讽刺、批判，但相比于鲁迅先生的其他作品，《朝花夕拾》平添了许多洋溢在纸张与文本间的温情。

《朝花夕拾》这本散文集作于1926年2月至11月，共10篇，分别是《狗·猫·鼠》《阿长与〈山海经〉》《〈二十四孝图〉》《五猖会》《无常》

《从百草园到三味书屋》《父亲的病》《琐记》《藤野先生》《范爱农》。前5篇写于北京，后5篇写于厦门，曾先后发表在《莽原》半月刊上，总题为《旧事重提》。1927年5月成集时，改名为《朝花夕拾》，并作了《小引》，7月又写了《后记》，1928年由北京未名社印行。

"朝"本义是早晨，这里指早年；"夕"本义是晚上，这里指晚年。所谓"朝花夕拾"，就是早年的事情，晚年再回忆起来。

这本散文集作为"回忆的记事"，侧面反映了鲁迅童年和青年时期的生活，形象地介绍了他的性格和志趣的形成过程。前7篇描述他童年时代在绍兴的家庭和私塾中的生活情景，后3篇叙述他从家乡到南京，又到日本留学，然后回国教书的经历。这本散文集揭露了半殖民地半封建社会的种种丑恶现象，同时反映了有抱负的青年知识分子在茫茫黑夜中，不畏艰险，寻找光明的困难历程，以及抒发了作者对往日亲友、师长的怀念之情。

阅读名著可以采用很多种方法，今天我们一起通过绘制树状思维导图的方式来探究鲁迅的童年。

在鲁迅的童年记忆中，有快乐与童真，也有憎恶和隐痛。由此，我们可以绘制两棵思维树。

一、童年的欢欣

说到关于鲁迅童年的欢欣的作品，大多数人最先想到的应该是《从百草园到三味书屋》。

这是一篇记述幼年往事的优美的回忆性散文。在这一脍炙人口的散文中，作者以如诗的笔触，舒卷自如地描绘了一个妙趣横生的童心世界。

我家的后面有一个很大的园，相传叫作百草园。现在是早已并屋子一起卖给朱文公的子孙了，连那最末次的相见也已经隔了七八年，其中似乎确凿只有一些野草；但那时却是我的乐园。

《从百草园到三味书屋》首句就告诉我们百草园的具体位置，末句"但那时却是我的乐园"点明百草园对于童年鲁迅的重要意义。

鲁迅虽也说"其中似乎确凿只有一些野草"，但更清晰的记忆是碧绿的菜畦、光滑的石井栏、高大的皂荚树、长吟的鸣蝉、肥胖的黄蜂、低唱的油蛉、弹琴的蟋蟀、断砖下的蜈蚣、会从后窍喷出一阵烟雾的斑蝥，还有人形的何首乌、有莲房一般的果实的木莲、又酸又甜的覆盆子。亮丽的色彩、悦耳的声响、酸甜的味蕾记忆和灵动的小生物世界，处处都传达着童年鲁迅自由自在、纯真快乐的心境。

> 这是人首蛇身的怪物，能唤人名，倘一答应，夜间便要来吃这人的肉的。他自然吓得要死，而那老和尚却道无妨，给他一个小盒子，说只要放在枕边，便可高枕而卧。……后来呢？后来，老和尚说，这是飞蜈蚣，它能吸蛇的脑髓，美女蛇就被它治死了。

美女蛇的故事对一个孩子来讲，更多的是一次心灵的历险，它极大地满足了一个孩子对神秘世界的好奇心。时隔多年，作者依然能完整详尽地记起当年长妈妈讲的这个故事，可见这个故事对作者影响深远。

百草园的夏景也难逃四季的交替。当冬天来临时，百草园更多的是给孩子一种无趣之感，唯有下雪才能给这枯燥的冬日生活带来些许乐趣。

> 扫开一块雪，露出地面，用一枝短棒支起一面大的竹筛来，下面撒些秕谷，棒上系一条长绳，人远远地牵着，看鸟雀下来啄食，走到竹筛底下的时候，将绳子一拉，便罩住了。

鲁迅连用"扫""支""撒""系""牵""拉"几个动词，准确再现了这一有趣的过程，幼时的童趣在这里活灵活现。

儿时的快乐如此简单，失去也是一瞬间的事。鲁迅的快乐被"全城中称为最严厉的书塾"带走，一同带走的还有百草园中的何首乌、石井栏、蟋蟀和木莲……他一面怅惘着失去，一面又进入新的乐园——三味书屋。

与百草园相同的是，三味书屋也有一个后园。

> 三味书屋后面也有一个园，虽然小，但在那里也可以爬上花坛去折腊梅花，在地上或桂花树上寻蝉蜕。最好的工作是捉了苍蝇喂蚂蚁，静悄悄地没有声音。

这后园虽不似百草园般大，也不如百草园般五彩缤纷，却是孩子们学习之余的一片乐园。功课之余，鲁迅和同窗们会在此处"折腊梅""寻蝉蜕"，甚或"捉了苍蝇喂蚂蚁"，不过这样的时光显然不能长久，被先生发现后，他们只能乖乖回到学堂，摇头晃脑地读些自己不甚清楚的文章。

> 他总是微笑起来，而且将头仰起，摇着，向后面拗过去，拗过去。
>
> 先生读书入神的时候，于我们是很相宜的。有几个便用纸糊的盔甲套在指甲上做戏。我是画画儿，用一种叫作"荆川纸"的，蒙在小说的绣像上一个个描下来，像习字时候的影写一样。

先生读书时专注于所读文章，不为旁人所干扰。这对孩子们来说，眼下便是可以不读书的喜悦，是做游戏的欢乐，是描摹画像时兴趣得到满足的幸福。

读完这篇文章，我们可以在思维树上绘制这些童年的乐趣：有声有色、有滋有味的百草园，神秘的美女蛇，雪地捕鸟，学中偷乐等。

读鲁迅其他作品，也可以发现鲁迅童年的欢欣。比如在《阿长与〈山海经〉》中他写道："过了十多天，或者一个月罢，我还很记得，是她告假回家以后的四五天，她穿着新的蓝布衫回来了，一见面，就将一包书递给我，高兴地说道：'哥儿，有画儿的"三哼经"，我给你买来了！'我似乎遇着了一个霹雳，全体都震悚起来；赶紧去接过来，打开纸包，是四本小小的书，略略一翻，人面的兽，九头的蛇，……果然都在内。"

鲁迅对绘图本《山海经》十分渴慕，可是在远房叔祖家找不到，自己又没有机会出去买，别人也不把小孩子的话放在心上，长妈妈却神奇般地买到了。她根本不识字，连书名都说不准，但"别人不肯做，或不能做的事情，她却能够做成功"。这时候的鲁迅是多么惊喜啊！他对关爱自己的长妈妈是多么敬佩！我们又可以给"童年的欢欣"思维树画上新的枝叶——长妈妈的关爱。

鲁迅的童年还有哪些童真童趣呢？期待你用心地阅读，去给这棵树绘上更多的乐趣。

二、童年的悲怆

在鲁迅童年的成长经历中，他最不能忘怀的，就是腐朽文化对童心的扼杀。接下来，我们一起绘制第二棵思维树——童年的悲怆。

无论是《〈二十四孝图〉》对愚弄儿童的虚伪孝道的揭露，还是《五猖会》中父亲对儿童好奇心的扼杀，以及《从百草园到三味书屋》中对儿童自由天性的追怀，鲁迅以自身的成长经历展示出腐朽文化对儿童心理的精神压抑。

从《五猖会》中可知，五猖会是指在东关五猖庙举行的迎神赛会。赛会在古时称为"报赛"，就是古时农事完毕后举行的谢神的祭祀活动。卢国龙、汪桂平在《道教科仪研究》中介绍道："所谓迎神赛会，是指在固定的日期，由某一社区居民共同祭祀某位神灵，并且迎接神灵巡行当境以求消灾赐福的习俗，在祭神与神灵巡游的过程中，社区民众进行各种祈祷报赛活动，同时还举办有大型的歌舞表演以娱神娱人，整个社区处于一种狂热欢庆的气氛中，这类活动总称为迎神赛会。"《五猖会》开篇便说到孩童们对于赛会的喜爱：

孩子们所盼望的，过年过节之外，大概要数迎神赛会的时候了。

小孩子喜欢热闹，自然就会被赛会吸引，在童年的"我"眼中，对于赛会有着强烈的期待：

我常存着这样的一个希望：这一次所见的赛会，比前一次繁盛些。

在看赛会时的"我"被"塘报""高照""高跷""抬阁""马头"深深地吸引住，目不暇接，享受着最简单的快乐。为了能在赛会上出风头，"我"甚至会犯一些蠢念头：

我为什么不生一场重病，使我的母亲也好到庙里去许下一个"扮犯人"的心愿的呢？

在现代人的眼中，童年应该是无忧无虑的。对于处于童年的孩子来说，喜爱的事物能带来纯粹的欢乐与满足。所以一个孩童的兴趣爱好，应该得到珍视，而不应该被剥夺。然而在《五猖会》中，"我"在奔赴心中念想许久的赛会前，却被父亲叫去背书：

> 我笑着跳着，催他们要搬得快。忽然，工人的脸色很谨肃了，我知道有些蹊跷，四面一看，父亲就站在我背后。
>
> "去拿你的书来。"他慢慢地说。

"我"顺从了父亲，也顺利地完成了父亲给"我"的任务，可是在经历了这番插曲之后，"我"原本期待的赛会也变得索然无味：

> 我却并没有他们那么高兴。开船以后，水路中的风景，盒子里的点心，以及到了东关的五猖会的热闹，对于我似乎都没有什么大意思。

在封建社会的观念中，子女要绝对服从父亲的权威，在这种封建父权观念的影响下，父亲会对孩子进行严格的教化，这种教化下的孩子虽然顺从，却也丧失了童年阶段的快乐，以及儿童应该拥有的许多天性，在儿童幼小的心灵上留下了沉重的阴影。

我们可以在第二棵思维树上绘制这些枝叶：父子隔膜、封建教育压迫。

正当鲁迅"笑着跳着"准备去看五猖会时，父亲要逼着他背诵《鉴略》，这种妨碍他自由活动的行为，无疑在他小小心灵里留下不愉快的印象。此外，儿童课外读物的贫乏，塾师管理的严格，令儿童们难以忍受。即使看一些"略有图画的本子"，都要被塾师"禁止，呵斥，甚而至于打手心"。儿童们感到"枯燥而死了"，只好偷看"那题着'文星高照'四个字的恶鬼一般的魁星像，来满足他幼稚的爱美的天性"（《〈二十四孝图〉》)。鲁迅童年时期最先得到的图画本子，是宣扬封建孝道、培养孝子的书——《二十四孝图》。开始他高兴极了，但接着却是扫兴，因为他"请人讲完了二十四个故事之后，才知道'孝'有如此之难，对于先前痴心妄想，想做孝子的计划，完全绝望了"。《二十四孝图》中，童年鲁迅最为反感的是"老莱娱亲"和"郭巨埋儿"的故事。

　　行年七十，言不称老，常著五色斑斓之衣，为婴儿戏于亲侧。又常取水上堂，诈跌仆地，作婴儿啼，以娱亲意。

老莱子七十岁了，还穿着花花绿绿的衣服，手里拿着小孩子的"摇咕咚"，在父母面前戏耍，甚至诈跌仆地，作婴儿啼，以娱乐双亲。他认为"这模样，简直是装佯，侮辱了孩子"，所以"没有再看第二回"。

　　汉郭巨家贫，有子三岁，母尝减食与之。巨谓妻曰，贫乏不能供母，子又分母之食。盍埋此子？

郭巨因为怕三岁的儿子"分母之食"，要把儿子埋掉。好在"掘坑二尺，得黄金一釜"，孩子才免于死。儿时的鲁迅"最初实在替这孩子捏一把汗，待到掘出黄金一釜，这才觉得轻松"。可是他"已经不但自己不敢再想做孝子，并且怕我父亲去做孝子了"，而且"从此总怕听到我的父母愁穷，怕看见我的白发的祖母，总觉得她是和我不两立，至少，也是一个和我的生命有些妨碍的人"。作者根据童年的深切感受，用儿童的口吻，娓娓道来，不加评议，却自然而有力地揭露和鞭挞了所谓封建孝道的虚伪和残忍，对儿童心灵的深重毒害。

　　由此，第二棵思维树上，我们还可以画上"封建孝道的虚伪、残忍"。
　　鲁迅的童年还有哪些悲怆呢？同样交给你去探索发现。

封建孝道的虚伪、残忍

封建教育压迫

童年的悲怆

父子隔膜

……

鲁迅的童年

经历了童年的欢欣与悲怆，进入青年时期的鲁迅又有哪些经历和成长呢？我们同样可以运用绘制树状思维导图的方法，去阅读《琐记》《藤野先生》《范爱农》等文章。

作为一部记录鲁迅成长经历的散文集，鲁迅很真诚地以成人和儿童的双重视角审视、回望他的成长体验。在他对自我成长经历的回忆中，我们看到了当时的文化、社会在哪些方面扼杀了人性，又在哪些方面温暖和救赎了个体心灵。《朝花夕拾》也可以看作是鲁迅在中年时代对自我生命的一次深情回顾。他用文字演唱了一曲欢欣与悲怆交织的歌！

成长经历

童年

青年

欢欣

悲怆

神秘的美女蛇

有声有色、有滋有味的百草园

封建教育压迫

父子隔膜

……

……

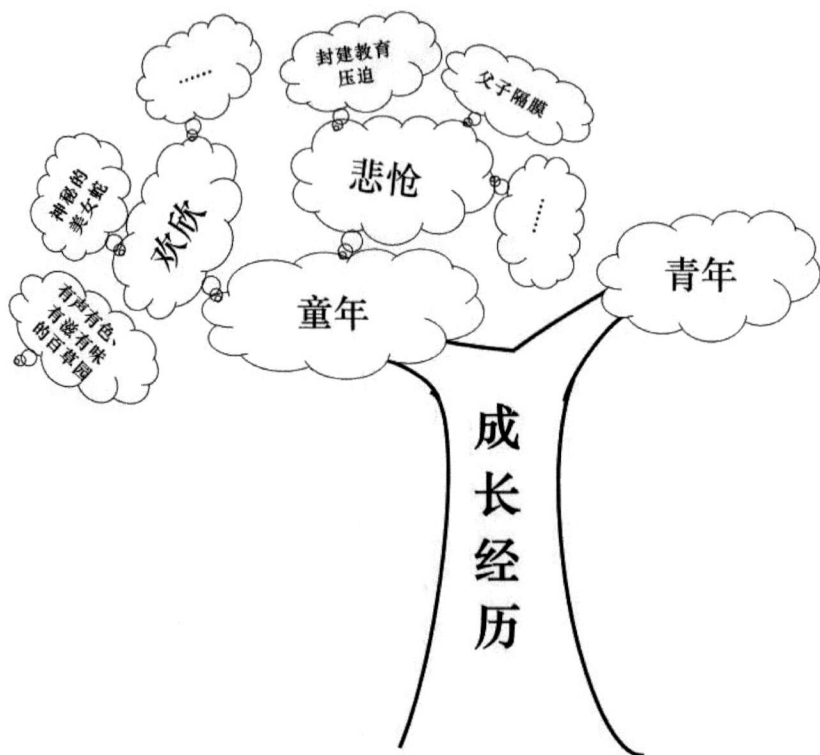

导读2：鲁迅笔下的那些人物

我们用绘制树状思维导图的方法再读《朝花夕拾》，一起认识鲁迅笔下一个个鲜活的人物。

一、理清人物关系

《朝花夕拾》中出现的几个主要人物，分别是鲁迅的保姆长妈妈、恩师藤野先生、朋友范爱农、儿时的私塾老师寿镜吾、父亲，还有一些出场并不多的人物，如作者的母亲、"名医"姚芝轩、陈莲河等。由此，我们可以绘制一棵树形人物关系思维导图。

朋友
范爱农

私塾老师
寿镜吾

恩师
藤野先生

人物关系

父亲

保姆
长妈妈

……

鲁迅笔下的人物

二、分析人物特点

我们先一起来认识一下《朝花夕拾》中的三个重要人物——保姆长妈妈、恩师藤野先生、朋友范爱农，尝试着把他们绘制成一棵人物特点思维树吧。

《阿长与〈山海经〉》是鲁迅《朝花夕拾》中的名篇。文章开篇就介绍了阿长，阿长具体叫什么名字，鲁迅的家人并不关心，鲁迅也记不得。之所以叫阿长是由于在阿长之前有个身材高大的女佣叫阿长，那个女佣走了之后她过来补缺，所以大家就管她叫阿长了。

这样一个在封建社会中连自己的姓名都没有人记住的人，甚至连自己的名字都是替补的，她的存在并不重要。然而这样一个女人，在鲁迅的成长历程中却起到了重要的作用。

长妈妈没有接受过任何教育，所以她的行为举止是十分粗俗的。就拿睡觉这个小小的细节来说，文章中写道：

> 一到夏天，睡觉时她又伸开两脚两手，在床中间摆成一个"大"字，挤得我没有余地翻身，久睡在一角的席子上，又已经烤得那么热。推她呢，不动；叫她呢，也不闻。

长妈妈这个人物形象十分鲜活，从她要求鲁迅新年必须要做的事情中，可以看出她有很多的"规矩"。而这些"规矩"，又是小孩子所不愿意遵从的。

比如过年的时候，她会告诉鲁迅正月初一早上睁开眼睛的第一句话要说"恭喜恭喜"，似乎只有说了"恭喜"，这一年的运气才会好。在辞旧迎新的除夕夜，长妈妈会拿着一个福橘放在床头。等到鲁迅说"恭喜恭喜"之后，她便将福橘放到鲁迅的嘴里，意味着这一年到头顺顺溜溜。长妈妈没有亲生的孩子，因此对鲁迅十分关爱，希望他一年到头开开心心、顺顺利利的。文章中有一处细节描写十分传神：正月初一早上醒来，鲁迅正要坐起身子，长妈妈便一把按住他，示意他说出头天晚上教他的"恭喜"，小孩子一时间哪里反应得过来，反而被这个奇怪的"按"弄糊涂了，惊异地看着长妈妈。此时的长妈妈比鲁迅还要心急，着急地盯着他，期待他说出来，"她又有所要求似的，摇着我的肩"。这是一种怎样的期待，似乎是央求了。当鲁迅记起来应该说的话之后，长妈妈"十分喜欢似的，笑将起来"，一块石头总算落地。从这个场景可以看出来，长妈妈繁琐的礼节背后，其实充满了对孩子浓浓的爱和美好的期待。满脑子的规矩，塑造了长妈妈愚昧、可笑而又可爱的形象。

长妈妈是一个文盲，却能够帮助鲁迅买来梦寐以求的《山海经》，可见她对鲁迅关爱之深。

文中写道：

> 过了十多天，或者一个月罢，我还很记得，是她告假回家以后的四五天，她穿着新的蓝布衫回来了，一见面，就将一包书递给我，高兴地说道："哥儿，有画儿的'三哼经'，我给你买来了！"

整个家庭中没有人关注，没有人愿意去做的事情，长妈妈愿意做，并且做到了。一个与鲁迅毫无血缘关系的人，却如此热忱地关爱着鲁迅，这让鲁迅的童年充满了温暖。

长妈妈身份卑微，其貌不扬，身上甚至有很多毛病和缺点，但就是这样一个女人，在鲁迅的成长中给予了他很大帮助和深切的关爱。

根据以上对长妈妈的解读，我们认识了社会地位卑微的长妈妈，她举止粗俗，愚昧无知，但对美好生活充满期待，善良、慈爱、淳朴，热忱地关爱鲁迅。

观察上面这棵思维树，可以直观地了解长妈妈的身份地位、性格特点以及鲁迅对她的感情。

在鲁迅的生命中，还有一位老师曾给予他真诚的帮助和热心的指导，鲁迅在文中深情地说：

> 他是最使我感激，给我鼓励的一个……他的性格，在我的眼里和心里是伟大的，虽然他的姓名并不为许多人所知道。

他就是藤野先生。

藤野，全名藤野严九郎，日本福井县人。1901年10月，藤野应聘到仙台医学专门学校任解剖学讲师。大约鲁迅到仙台前两个月，藤野由讲师升为教授。藤野先生相貌一般，不修边幅。1904年，鲁迅初入仙台医学专门学校，藤野先生给他留下极为深刻的印象："黑瘦""八字须，戴着眼镜，挟着一叠大大小小的书"，显示他是一个做学问严谨、为人处世相对刻板的人。但是后文对藤野先生生活服饰的描述，又显示这是一个在生活上不拘小节，甚至有点邋遢的人。"穿衣服太模胡""忘记带领结""冬天是一件旧外套，寒颤颤的"，甚至被他人怀疑为"扒手"。这段对藤野先生外貌与服饰的描写和前面的严谨刻板的描述截然相反，但这才是真正的藤野先生，工作扎实认真，生活不拘小节。

鲁迅写到与藤野先生相处的四件事。

第一件事，藤野先生帮助"我"修改讲义。

> 我拿下来打开看时，很吃了一惊，同时也感到一种不安和感激。原来我的讲义已经从头到末，都用红笔添改过了，不但增加了许多脱漏的地方，连文法的错误，也都一一订正。这样一直继续到教完了他所担任的功课：骨学、血管学、神经学。

显然，鲁迅在此前的学习经历中没见过如此主动关心学生、认真负责的老师。

第二件事，藤野先生为"我"纠正解剖图。

有一回藤野先生将我叫到他的研究室里去，翻出我那讲义上的一个图来，是下臂的血管，指着，向我和蔼的说道：

"……这样一移，的确比较的好看些，然而解剖图不是美术，实物是那么样的，我们没法改换它。现在我给你改好了，以后你要全照着黑板上那样的画。"

但是我还不服气，口头答应着，心里却想道：

"图还是我画的不错；至于实在的情形，我心里自然记得的。"

藤野先生教学一丝不苟、循循善诱，对学生严格要求，无奈作为学生的鲁迅当时没能体会到老师的一番苦心。

第三件事，藤野先生关心"我"的解剖实习。

我因为听说中国人是很敬重鬼的，所以很担心，怕你不肯解剖尸体。现在总算放心了，没有这回事。

对鲁迅的解剖实习由担心到放心，充分体现了藤野先生对中国学生的特殊关心和爱护，丝毫没有民族偏见。

第四件事，藤野先生向"我"了解中国女子的裹脚。

"他也偶有使我很为难的时候。"为什么"为难"？也许是习俗的落后令鲁迅难以启齿，也许是青年的敏感。但藤野先生毕竟是解剖学教师，他想知道的只是"足骨变成怎样的畸形"，并不想涉及其他。

这种好奇心的后面，是可贵的求实精神。

得知鲁迅决定不再医学，并且要离开仙台时，"他的脸色仿佛有些悲哀，似乎想说话，但竟没有说"。

临别前，藤野特意让鲁迅到他家里，主动送给鲁迅一张自己的照片，还在背面写上"惜别"两字，并"叮嘱"鲁迅"将来照了寄给他，并且时时通信告诉他此后的状况"。

尽管藤野先生对于鲁迅中途辍学改变志愿并不很理解，但是这位善良正直的日本老师能如此尊重一个"弱国"学生的抱负，毫无狭隘民族偏见，实在是难能可贵的，给鲁迅留下深刻的印象。

接下来，我们一起探究《朝花夕拾》中出现的唯一一个与鲁迅同龄的人——范爱农。

鲁迅与范爱农的相识相熟是在辛亥革命前。在一次爱国留学生"吊烈士、骂满洲"的同乡会上，当大家主张发电抗议清政府暴行的时候，会场传来"一种钝滞的声音"：

> 杀的杀掉了，死的死掉了，还发什么屁电报呢。

这是一个十分精彩的人物亮相方式：先声夺人，然后众人循声而望，

> 这是一个高大身材，长头发，眼球白多黑少的人，看人总像在渺视。

这数十字的肖像描写，跟人物的言辞结合得十分紧密，真是神来之笔。鲁迅特写范爱农的白眼，突出了范爱农与周围人的"异"——郁愤孤傲不合群的性格特征。对于自己老师被杀，而公然反对发电报，范爱农为何表现得如此"冷漠"，如鲁迅所言"觉得他简直不是人，自己的先生被杀了，连打一个电报还害怕"。

先烈牺牲了，后者需要做的，是实实在在地接着战斗，而不是空发表激烈宣言，和反动势力讲人道，非但无用，而且还暴露自己是对统治者心怀幻想的。范爱农毫不留情地怒斥发电报，甚至不惜和公意对抗，其忧愤孤傲的性格与其他留学生的"热心"斗争形成了强烈的对比。

范爱农与鲁迅相熟是在二人回国以后，二人意外相逢，又有一段对范

爱农外貌的描写：

> 他眼睛还是那样，然而奇怪，只这几年，头上却有了白头发……
> 他穿着很旧的布马褂，破布鞋，显得很寒素。

这困窘寒碜的面相，显然是生活坎坷的缩影。接着便概括叙述了他回国后备受封建势力"轻蔑，排斥，迫害，几乎无地可容"以及在困顿中养成"爱喝酒"的习惯等情形，这些叙述描写，深刻地表现了一个正直知识分子在世俗迫害下穷困潦倒的窘境，尤其写出了人物变化中的不变：尽管那样寒素，但是那双"白多黑少"、藐视世俗的眼睛没有变。从与范爱农的初识到重逢后的相知，鲁迅笔下刻画的是一个愤世孤傲、革命热情高涨的范爱农形象。

接下来写辛亥革命爆发。在此社会背景下，范爱农迎来了革命的新希望。绍兴光复的第二天，他就急不可耐地来到城里，"那笑容是从来没有见过的"，对社会寄予极大的希望。欢欣鼓舞的他，首先想到的不是喝酒庆祝，而是邀请鲁迅一同去看绍兴光复的新气象，他一反常态地对鲁迅说："老迅，我们今天不喝酒了！"简短激动的话语，反映出一个爱国知识分子长期受压迫而忽闻解放时难以抑制的喜悦和兴奋，袒露出对革命的无限拥护和忠贞情怀。一个激情满满、摩拳擦掌、跃马扬戈的革命者形象跃然纸上。"他办事，兼教书，实在勤快得可以"，像蓄久喷发的火山，释放出极大的能量，把全部的精力和实践都用在革命工作上。

然而遗憾的是，由于旧民主主义革命的不彻底性和封建势力的复辟，革命的大好形势犹如昙花一现，一切又回到了革命前。范爱农又一次陷入了革命前的颓丧中，他重新端起了酒杯，用酒来聊以慰藉。只是鲁迅离开了，再也没有一个可以喝醉了酒"谈些愚不可及的疯话"的挚友陪在身边，相反还处处遭人嫌弃，连年轻人也不爱同他交往，觉得"不如讲笑话有趣"。但范爱农窘困至此，心中依然还存有对革命的热情，因而他时常给鲁迅写信，希望鲁迅能够给他在北京寻一点事情做。令人沉痛的是，没有等到鲁迅为他寻得一点事情做，就传来范爱农掉到水里淹死的噩耗。

鲁迅对范爱农的最后描述是：

第二天打捞尸体，是在菱荡里找到的，直立着。

探究了范爱农的生平和形象，我们认识到这样一位觉醒的知识分子，郁郁不得志、倔强耿介、愤世嫉俗、有责任感，却饱受封建社会打击，不为社会所容。

经过以上分析，你能根据保姆长妈妈、恩师藤野先生、朋友范爱农的性格特点绘制一棵人物特点思维树吗？

三、体悟作者情感

同学们，鲁迅对长妈妈、藤野先生和范爱农的感情一样吗？请你结合人物特点思维树及以下的语段说说你的发现。

> 仁厚黑暗的地母呵，愿在你怀里永安她的魂灵！
>
> ——《阿长与〈山海经〉》

> 我离开仙台之后，就多年没有照过相，又因为状况也无聊，说起来无非使他失望，便连信也怕敢写了。经过的年月一多，话更无从说起，所以虽然有时想写信，却又难以下笔，这样的一直到现在，竟没有寄过一封信和一张照片。从他那一面看起来，是一去之后，杳无消息了。
>
> ——《藤野先生》

> 把酒论当世，先生小酒人。大圜犹酩酊，微醉自沉沦。此别成终古，从兹绝绪言。故人云散尽，我亦等轻尘！
>
> ——《哀范君三章·其三》

鲁迅学过医，不信鬼神，为什么在这里却希望长妈妈的"魂灵"在"地母"怀中得到安息？因为这是从长妈妈的角度来考虑的。那个时代，普通劳动者现世的最大安慰和愿望就是灵魂能得到安息。因懂得而同情，因深爱而感激。鲁迅对长妈妈既有同情，也有感激和怀念。

鲁迅对藤野先生的感情，除了前面提到的"最使我感激"，还有什么呢？虽怀念，却因"状况无聊"没有寄信和照片，因此鲁迅对那个让他在异国感受到温暖和鼓励的藤野先生一直抱有愧疚之情。

范爱农死后，鲁迅写了三首诗悼念他，《哀范君三章·其三》一诗的前两句对范爱农的似醉却醒、不甘沉沦做了描述，后两句以悲愤语作结，体现了鲁迅对范爱农的自责、怀念和同情。

怀念

感激

陈状

……

怀念

恩师
藤野先生

……

怀念

保姆长
妈妈

朋友
范爱农

回情

感激

同情

……

自责

作者情感

从上面的作者情感树中,我们发现作者对长妈妈、藤野先生、范爱农的感情既有相同之处,也有不同之处;也能深深地感受到鲁迅在回忆这些人物时,复杂的情感交织在他的心头,久久难以挥去。

《朝花夕拾》还有一些人物值得同学们去用心阅读、仔细琢磨。比如"她对自己的儿子虽然狠,对别家的孩子却好的,无论闹出什么乱子来,也决不去告诉各人的父母"。这个看似宽容大度的衍太太到底是怎样一个人?寿镜吾是否只是一个迂腐古板的老先生?曾让童年鲁迅困惑的父亲,是怎样一个旧式家长呢?鲁迅对他们的情感又是怎样的呢?请你继续为本书绘制思维树吧!

《西游记》：精读和跳读

导读 1：取经故事会

"你挑着担，我牵着马，迎来日出，送走晚霞……"

熟悉的歌声又一次响起，这是电视剧《西游记》的片尾曲。今天让我们一起走进大家耳熟能详的名著《西游记》。

《西游记》的作者吴承恩，字汝忠，号射阳山人，淮安人，明朝小说家，出身于一个"两世相继为学官，终于没落为商人"的家庭，科场屡次不第，长期过着卖文自给的清苦生活。他为人风趣，善谐剧，酷爱野史奇闻，悲惨的生活经历激发了他的愤慨和狂傲，两者结合在一起，便自然地引起他继承"志怪"传统，讽刺社会黑暗的创作动机。

吴承恩小时候勤奋好学，一目十行，过目不忘，少年时就已名冠乡里。除好学外，他特别喜欢搜奇猎怪，爱看神仙鬼怪、狐妖猴精之类的书籍。

成年后，两次乡试的失利，对吴承恩的打击是沉重的。生活困顿，父亲去世，他需要维持全家的所有开支，但他却没有支撑门户的能力，更没有养家糊口的手段。

品尝到人生酸甜苦辣的吴承恩，开始更加清醒地、深沉地思考社会、人生的问题，并且用自己的诗文向不合理的社会进行抗争。

一生穷困的吴承恩，拼尽全力完成《西游记》后，带着悲喜交加的心情，约于万历十年（1582）离开了人世。他自言："虽然吾书名为志怪，盖不专明鬼，实记人间变异，亦微有鉴戒寓焉。"

《西游记》以唐代玄奘和尚赴西天取经的经历为蓝本，在《大唐西域记》《大慈恩寺三藏法师传》等作品的基础上，经过整理、构思，最终写定。

《西游记》是一部中国古典神话小说，为中国四大名著之一。鲁迅称其为"神魔小说"，林庚称之为"童心之作"。那这样一部神奇之作为我们讲述了一个怎样神奇的故事呢？

我们采用抓题目的方法来了解这个故事。抓题目就是把题目扩展为一句话，例如，《西游记》讲的是唐僧师徒四人去西天取经的故事。让我们一起来看下面的范例：

《西游记》写的是唐僧师徒四人历经九九八十一难去西天取经的故事。

《西游记》写的是大唐盛世，唐僧奉旨去西天取经，途径五行山，解救了被压在山下的齐天大圣孙悟空并收他为徒，之后又陆续收了白龙马、猪八戒和沙僧，他们师徒四人经过了万水千山，战胜了妖魔鬼怪，历经九九八十一难终于取得真经的故事。

一、九九劫难

这个故事的中心情节在于唐僧师徒在取经过程中历经的九九八十一难，我们借助于小说的回目可以迅速掌握这些磨难。现在我们根据小说的回目，利用树状思维导图来绘制第一棵思维树——九九劫难树。例如：

第八回　我佛造经传极乐　观音奉旨上长安

附　录　陈光蕊赴任逢灾　江流僧复仇报本

把这几个回目结合在一起就可以梳理出有关唐僧前世今生的劫难：金蝉遭贬（一难），出胎几杀（二难），满月抛江（三难），寻亲报冤（四难）。

同样跳读：

由此可以梳理出唐僧收徒所历劫难：陡涧换马（九难），收降八戒（十二难），收得沙僧（十六难）。

请你也尝试梳理一下与降妖除魔相关的回目吧，相信我们可以让这棵大树变得更加枝繁叶茂。

同学们，你们能根据这棵九九劫难树上的回目简要地复述《西游记》中的故事情节吗？例如：

　　唐僧前世为如来佛祖的二弟子——金蝉子，因轻慢佛法而被如来佛祖贬到下界。俗名陈祎，小名江流。因父母遭人陷害，自幼于金山寺为僧。长大成人后，为父母报仇雪恨，才得以一家团聚……

二、三复情节

　　通过"九九劫难树"，同学们可以基本掌握唐僧师徒四人取经途中遇到的劫难。在仔细阅读梳理劫难时，我们会发现许多回目和情节都与一个数字相关。同学们关注到是哪个数字了吗？

答案是"三"。例如我们熟悉的经典情节"三打白骨精"。

唐僧师徒四人为取真经，行至白虎岭前。在白虎岭内，住着一个白骨精。为了吃唐僧肉，先后变幻为村姑、妇人，全被孙悟空识破，白骨精害怕，变作一阵风逃走了，孙悟空把村姑、妇人的假身统统都打死了。但唐僧不辨人妖，反而责怪孙悟空恣意行凶，连伤母女两人，违反戒律。第三次白骨精变成白发老者，又被孙悟空识破打死。唐僧写下贬书，将孙悟空赶回了花果山。

除了白骨精"三变"，请你说说这一情节中还有哪些"三"？

孙悟空"三打"（一打：理直气壮；二打：直截了当；三打：耍点花样）；唐僧"三逐"（一逐：先责罚，后饶恕；二逐：重责罚，后饶恕；三逐：逐出门，不饶恕）；猪八戒"三挑"（一挑：唐僧不信悟空，一逐美猴王；二挑：唐僧气恼悟空，二逐美猴王；三挑：唐僧恼恨悟空，三逐美猴王）。

"三打白骨精"的情节为什么设置这么多"三"呢？仅仅是为了用离奇的故事情节吸引我们的眼球吗？

白骨精变村姑、变妇人、变老者的"三变"实则是用了美人计、苦肉计和离间计，让我们看到了她的阴险、狡诈、诡计多端。孙悟空"三打"的"打"法也不相同，展现了他忠诚勇敢、有勇有谋、除恶务尽的性格特点。唐僧"三逐"悟空则可看出他一心向善、心慈面软，但善恶难辨、固执己见。猪八戒的"三挑"很符合他的本性，喜欢搬弄是非、激化矛盾。作者设置了这么多不相雷同的"三"让故事情节复杂化，一波三折，引人入胜。同时，也使人物形象更加饱满、生动。

另外，还有我们所熟悉的三复情节"三借芭蕉扇"。

唐僧师徒去西天取经，火焰山是必经之路，火焰山的火大且不是一般的火，唯独芭蕉扇可将其扇灭。芭蕉扇是铁扇公主的宝物。孙悟空第一次向铁扇公主借扇，铁扇公主一扇子扇飞了孙悟空，孙悟空变成小虫进入铁扇公主的肚子折腾，铁扇公主给了一把假扇。第二次，孙悟空变成牛魔王骗走真扇，牛魔王又变成猪八戒骗回真扇。第三次，孙悟空大战牛魔王，最终孙悟空获胜，铁扇公主交出芭蕉扇，孙悟空扇灭火焰山的火，唐僧师徒继续向西赶路。

　　你还知道哪些三复情节呢？你能绘制完成下面的这棵三复情节树吗？

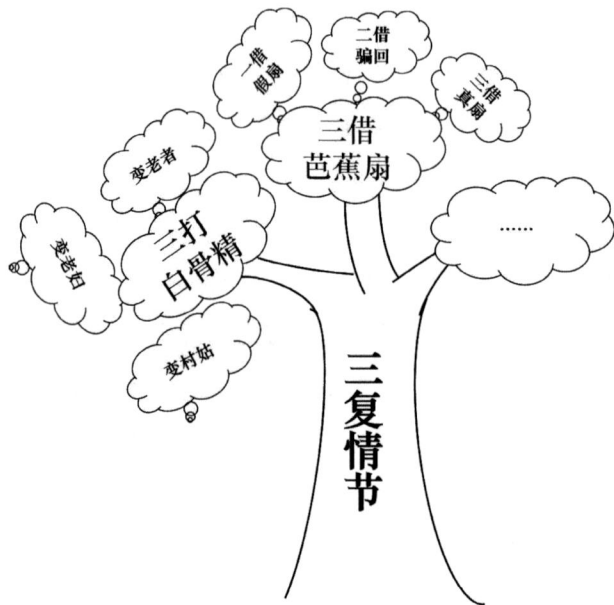

借假扇　三借骗回　三借真扇

变老者　三借芭蕉扇

三打白骨精　变老妇　……

变村姑

三复情节

　　作者为什么要设置这么多的三复情节呢？接下来我们结合这棵三复情节树一起来探讨小说中三复情节的作用。

　　三复情节，是经过三次重复才能完成的情节。三复情节的发展表现为"进展—阻塞—进展—阻塞—进展—完成"的三段式形态。这是一种螺旋式上升的情节发展方式，可以逐渐强化双方的矛盾，紧凑地把故事推向高潮。这种一波三折的情节发展方式，是为完美结局做铺垫。读者在阅读过程中会产生能否打败妖魔的心理疑惑，激发了读者对取经成功这个完美结局的期盼。反之，如果每次面对妖魔都一棒子打死，会显得取经之路非常轻松。读者会觉得没意思，对取经成功这一完美结局也会期待不足。另外，三复情节还有利于塑造人物形象，从而表现主题。"三打白骨精""三借芭蕉扇"等是困难程度较高的任务，三次尝试才完成了任务既能塑造唐僧师徒永不放弃、坚持到底的坚定人物形象，也突显了勇于斗争、善于斗争的主题。如果多于三次，既显得故事情节拖沓繁琐，又显得主人公蠢笨。如果少于三次，任务难度太低，无法体现唐僧师徒四人的坚定与坚持。

总之，正如黄金分割是几何图形最美的比例一样，三复情节是古代小说、戏剧情节设计里最合乎中国人审美的理想模式。它在中国古代千余年间的小说中被广泛应用，例如《水浒传》中的三打祝家庄、三败高俅、三度招安、三碗不过冈，《红楼梦》中的刘姥姥三进大观园、金鸳鸯三宣牙牌令、三春去后诸芳尽，《三国演义》中的三顾茅庐、三气周瑜、三让徐州等。

导读2：话说唐僧师徒

当代作家余秋雨评价《西游记》时，把唐僧师徒四人的性格概括为"皮猴""憨猪""严师""忠僧"。你同意他的说法吗？下面我们一起来聊聊《西游记》中的唐僧师徒吧。

一、唐僧

请你仔细读一读下面这几段关于人物语言描写的片段，并猜猜他是《西游记》中的哪个人物？

1. 我这一去，定要捐躯努力，直到西天；如不到西天，不得真经，即死也不敢回国，永堕沉沦地狱。

2. 出家人时时常要方便，念念不离善心，扫地恐伤蝼蚁命，爱惜飞蛾纱罩灯。你怎步步行凶！……取将经来何用？

3. 女菩萨，你语言差了。圣经云："父母在，不远游，游必有方。"你既有父母在堂，又与你招了女婿，——有愿心，教你男子还，便也罢，怎么自家在山行走？又没个侍儿随从。

他就是唐僧。现在我们来认识一下《西游记》中的唐僧。

唐僧，俗姓陈，法号玄奘，号三藏，被唐太宗赐姓为唐，为如来佛祖二弟子金蝉子转世。取经成功后，他被赐封为旃檀功德佛。

我们首先来看看书中对唐僧的外貌描写，你能找出他最显著的特征是什么吗？

长老遂将袈裟抖开，披在身上，手持锡杖，侍立阶前。君臣个个欣然。诚为如来佛子，你看他：凛凛威颜多雅秀，佛衣可体如裁就。辉光艳艳满乾坤，结彩纷纷凝宇宙。朗朗明珠上下排，层层金线穿前后。兜罗四面锦沿边，万样稀奇铺绮绣。八宝妆花缚钮丝，金环束领攀绒扣。佛天大小列高低，星象尊卑分左右。玄奘法师大有缘，现前此物堪承受。浑如十八阿罗汉，赛过西方真觉秀。锡杖叮当斗九环，毗卢帽映多丰厚。诚为佛子不虚传，胜似菩提无诈谬。

唐僧外貌上最显著的特征就是一袭袈裟、手持锡杖、头戴毗卢帽。在众人看来，他就是"如来佛子"，更是盛赞他为"浑如十八阿罗汉，赛过西方真觉秀"。

此外，唐僧坚定的取经信念，且不恋于富贵荣华和美色，着实让人钦佩。人们赞叹他坚定的信念、向善与大爱、无为与大智。但吴承恩笔下的唐僧并非圣僧，而是一个带着"缺点"的常人。请你结合以下"三打白骨精"的精彩片段，找找唐僧身上的缺点。

那唐僧在马上，又唬得战战兢兢，口不能言。八戒在旁边又笑道："好行者！风发了！只行了半日路，倒打死三个人！"唐僧正要念咒，行者急到马前，叫道："师父，莫念！莫念！你且来看看他的模样。"却是一堆粉骷髅在那里。唐僧大惊道："悟空，这个人才死了，怎么就化作一堆骷髅？"行者道："他是个潜灵作怪的僵尸，在此迷人败本；被我打杀，他就现了本相。他那脊梁上有一行字，叫做'白骨夫人'。"唐僧闻说，倒也信了。怎禁那八戒旁边唆嘴道："师父，他的手重棍凶，把人打死，只怕你念那话儿，故意变化这个模样，掩你的眼目哩！"唐僧果然耳软，又信了他，随复念起。行者禁不得疼痛，跪于路旁，只叫："莫念！莫念！有话快说了罢！"唐僧道："猴头！还有甚说话！出家人行善，如春园之草，不见其长，日有所增；行恶之人，如磨刀之石，不见其损，日有所亏。你在这荒郊野外，一连打死三人，还是无人检举，没有对头；倘到城市之中，人烟凑集之所，你拿了那哭丧棒，一时不知好歹，乱打起人来，撞出大祸，教我怎的脱身？你回去罢！"行者道："师父错怪了我也。这厮分明是个妖魔，他实有心害你。我倒打死他，替你除了害，你却不认得，反信了那呆子谗言冷语，屡次逐我。常言道：'事不过三。'我若不去，真是个下流无耻之徒。我去！我去！——去便罢了，只是你手下无人。"

读了以上片段，你是否对唐僧有了更全面的认识呢？其实，唐僧胆小懦弱，取经路上一遇到险山恶水，他就面容失色；一遇到妖魔鬼怪，他更是连叫饶命。他甚至有些不明事理，爱听谗言。他经常人妖颠倒，相信妖怪的骗术；又偏听猪八戒搬弄是非，错怪孙悟空。

尽管唐僧有时令人厌烦，但是褒是贬，人人心中都有自己的定论。

人们给予唐僧的人物评价是肉眼凡胎，不能上天入地，不能除妖降魔。但是作为取经队伍中的"精神领袖"，他无疑是称职的。他用身上的佛性去召唤出三个徒弟的佛性，以坚强的意志克服重重困难，最终成功实现了团队的既定目标。

由此师徒人物形象树上的第一个枝丫长成了。

二、孙悟空

请你读读下面这几段文字，猜猜这又是谁呢？

1. 他尽力两手挝过道："忒粗忒长些！再短细些方可用。"说毕，那宝贝就短了几尺，细了一围。
2. "妖怪！""休走！""看棍！"
3. 将身一纵，跳上云端里，手搭凉篷，睁眼观看。
4. 布施手段，舞着铁棒，哮吼一声，唬得那狼虫颠窜，虎豹奔逃。

相信你读第一句时就已经猜出他是孙悟空了，人人皆知孙悟空的武器是如意金箍棒。《西游记》第三回载："此宝有二丈多长，斗来粗细……上有一行字，乃'如意金箍棒一万三千五百斤'。"从上面的语段中，可知他好勇斗狠、疾恶如仇。

孙悟空这个角色真是太深入人心了，接下来让我们来认识一下孙悟空。

孙悟空为花果山仙石所孕育，无父无母，无名无姓，他的名字是请师傅菩提老祖取的。菩提老祖是道家，又因美猴王在自己门下属悟字辈，故取道号悟空，所以就有了"孙悟空"这一名号。

请你读读以下几个回目的题目，你能否发现"孙悟空"的名号有什么特殊意义？

第一回　灵根育孕源流出　心性修持大道生

…………

第四回　官封弼马心何足　名注齐天意未宁

…………

第七回　八卦炉中逃大圣　五行山下定心猿

…………

第十四回　心猿归正　六贼无踪

…………

第三十三回　外道迷真性　元神助本心

…………

第六十七回　拯救驼罗禅性稳　脱离秽污道心清

…………

第八十三回　心猿识得丹头　姹女还归本性

这些回目中都出现了一个"心"字，孙悟空的"悟"即"吾心"。其实，经历各种劫难，不过修心。例如：孙悟空从灵石幻化成灵猴，在菩提老祖处习得通天本事，从不断惹祸的"坏小子"到后来除妖降魔的"斗战胜佛"。

孙悟空在取经路上曾有三次离队，我们来看一下他三次离队的表现：

1.原来这猴子一生受不得人气，他见三藏只管絮絮叨叨，按不住心头火发道："你既是这等，说我做不得和尚，上不得西天，不必恁般绪咶恶我，我回去便了！"那三藏却不曾答应，他就使一个性子，将身一纵，说一声"老孙去也！"三藏急抬头，早已不见，只闻得呼的一声，回东而去。

2.行者连忙接了贬书道："师父，不消发誓，老孙去罢。"他将书折了，留在袖中，却又软款唐僧道："师父，我也是跟你一场，又蒙菩萨指教，今日半途而废，不曾成得功果，你请坐，受我一拜，我也去得放心。"……大圣见他不睬，又使个身外法，把脑后毫毛拔了三根，吹口仙气，叫"变！"即变了三个行者，连本身四个，四面围住师父下拜。……大圣跳起来，把身一抖，收上毫毛，却又吩咐沙僧道："贤弟，你是个好人，却只要留心防着八戒诂言诂语，途中更要仔细。倘一时有妖精拿住师父，你就说老孙是他大徒弟。西方毛怪，闻我的手段，不敢伤我师父。"

3.却说孙大圣恼恼闷闷，起在空中，欲待回花果山水帘洞，恐本洞小妖见笑，笑我出乎尔反乎尔，不是个大丈夫之器；欲待要投奔天宫，又恐天宫内不容久住；欲待要投海岛，却又羞见那三岛诸仙；欲待要奔龙宫，又不伏气求告龙王。真个是无依无倚，苦自忖量道："罢！罢！罢！我还去见我师父，还是正果。"遂按下云头，径至三藏马前侍立道："师父，恕弟子这遭！向后再不敢行凶，一一受师父教诲，千万还得我保你西天去也。"

你能说出孙悟空三次离队是在什么情况下离开的吗？孙悟空三次离开时的表现又有什么不同呢？

第一次，孙悟空因打死六个强盗被唐僧絮叨而负气离开，伤人性命却不受教诲，闻指责就发怒，不遂意就出走，表明孙悟空行为莽撞、冲动、佛心未定，还需教诲。第二次，孙悟空因三打白骨精被唐僧写下贬书驱逐离开，打死妖魔却被错怪逐走，满心委屈却不得不离开，表明孙悟空虽征途艰险但忠诚护师，虽屡遭惩处却不忘师恩。孙悟空打死白骨精后，唐僧赶他走，孙悟空向师父下拜告别，嘱咐沙师弟，止不住流泪，表现了孙悟空重师徒之情。与第一次离队的表现相比，孙悟空由任性急躁变得成熟稳重，说明他成长了。第三次，孙悟空打死了一群草寇，唐僧赶他走，孙悟空苦求不成，离开后又回来向师父求饶，被拒后，向观音菩萨求助。与第一次离队的表现相比，孙悟空能理性地处理问题，说明他成长了。

孙悟空的变化告诉我们：取经的过程实则是修心的过程，将本能的我去掉，蜕变成社会的我，然后再将社会的我去掉，蜕变成道德和价值的我。孙悟空的成长是从物性到神性再到人性的蜕变，这也是他成长的真正意义。让我们继续来绘制师徒形象树吧。

三、猪八戒和沙和尚

猪八戒和沙和尚是《西游记》中不可缺少的两个人物。我们来简要地了解一下他们吧。

猪八戒，原是天庭玉皇大帝手下的天蓬元帅，主管天河，却因醉酒调戏嫦娥被逐出天界，错投猪胎。曾占云栈洞为妖，自称"猪刚鬣"；因受菩萨戒行，唐僧称其"八戒"。观音菩萨赐法号悟能。取回真经后，猪八戒由于"又有顽心，色性未泯"，被封为净坛使者。

沙和尚，原为天庭玉皇大帝的卷帘大将，因为失手打破了琉璃盏，触犯天条，被贬出天界，在流沙河兴风作浪，危害一方。后经观音菩萨点化，赐法号悟净，一心归佛。取经功德圆满后，被如来佛祖封为南无八宝金身罗汉。

你知道他们的武器是什么吗？你能说说他们武器的由来吗？

猪八戒的兵器是九齿钉耙，又叫上宝沁金耙，是太上老君用神冰铁亲自锤炼，借五方五帝、六丁六甲之力锻造而成，重量有一藏之数，连柄五千零四十八斤。猪八戒任天蓬元帅的时候由玉帝赐给他当兵器。猪八戒下界投胎的时候，也随身带着钉耙。这钉耙能大能小，随心变化。

沙和尚的武器是降妖宝杖，也称梭罗宝杖，出自月宫梭罗仙木，由鲁班打造琢磨而成，外边嵌宝霞光耀，内里钻金瑞气凝，如擀面杖样的乌油黑棒子，重五千零四十八斤。沙僧官拜卷帘大将军时由玉帝赐给他当兵器，随身携带，大小如意，善能降妖。沙僧被贬流沙河后，宝杖也随身携带，后在唐僧西行取经路上，降妖宝杖多次建功立威。

下面，我们再来深入地认识一下猪八戒和沙和尚吧。首先请同学们来读一读以下几段文字，说说猪八戒的性格特征。

1.那呆子一则有些急吞，二来有些饿了，那里等唐僧经完，拿过红漆木碗来，把一碗白米饭，扑的丢下口去，就了了。

2.那八戒摇摇摆摆，对高老唱个喏道："上复丈母、大姨、二姨并姨夫、姑舅诸亲：我今日去做和尚了，不及面辞，休怪。丈人啊，你还好生看待我浑家，只怕我们取不成经时，好来还俗，照旧与你做女婿过活。"

3.八戒道："哥哥，你哄我去做贼哩。这个买卖，我也去得，果是晓得实实的帮寸，我也与你讲个明白：偷了宝贝，降了妖精，我却不奈烦甚么小家罕气的分宝贝，我就要了。"

4.长老才有三分儿信了，怎禁猪八戒气不忿，在旁漏八分儿唆嘴道："师父，说起这个女子，他是此间农妇，因为送饭下田，路遇我等，却怎么栽他是个妖怪？哥哥的棍重，走将来试手打他一下，不期就打杀了；怕你念甚么《紧箍儿咒》，故意的使个障眼法儿，变做这等样东西，演幌你眼，使不念咒哩。"

5.八戒暗想道："不好啊，行者溜撒，一时间丢个破绽，哄那妖魔钻进来，一铁棒打倒，就没了我的功劳。"

6.八戒道："分了便你还去流沙河吃人，我去高老庄探亲，哥哥去花果山称圣，白龙马归大海成龙。师父已在这妖精洞内成亲哩！我们都各安生理去也！"

钱钟书先生说过，古时以猪象征色欲，后又以之象征贪欲。从以上语段可以看出猪八戒贪吃、贪色、贪财，喜欢搬弄是非，耍小聪明，还时常有散伙的想法。猪八戒虽称"八戒"，但他始终"戒"得不彻底，"戒"得不情愿。但是，在取经的途中，八戒逐渐发生了脱胎换骨的变化，由一个好逸恶劳的懒汉，变成了一个一心向佛的好和尚。

与孙悟空、猪八戒比较起来，沙和尚显得存在感不足，那么在整个故事中如果没有了沙和尚行不行？请你认真读读《西游记》第四十回的选段，谈谈你的看法。

行者道："兄弟们，我等自此就该散了！"八戒道："正是，趁早散了，各寻头路，多少是好。那西天路无穷无尽，几时能到得！"沙僧闻言，打了一个失惊，浑身麻木道："师兄，你都说的是那里话。我等因为前生有罪，感蒙观世音菩萨劝化，与我们摩顶受戒，改换法名，皈依佛果，情愿保护唐僧上西方拜佛求经，将功折罪。今日到此，一旦俱休，说出这等各寻头路的话来，可不违了菩萨的善果，坏了自己的德行，惹人耻笑，说我们有始无终也！"行者道："兄弟，你说的也是，奈何师父不听人说，我老孙火眼金睛，认得好歹，才然这风，是那树上吊的孩儿弄的。我认得他是个妖精，你们不识，那师父也不识，认作是好人家儿女，教我驮着他走。是老孙算计要摆布他，他就弄个重身法压我。是我把他掼得粉碎，他想是又使解尸之法，弄阵旋风，把我师父摄去也。因此上怪他每每不听我说。故我意懒心灰，说各人散了。既是贤弟有此诚意，教老孙进退两难。八戒，你端的要怎的处？"八戒道："我才自失口乱说了几句，其实也不该散。哥哥，没及奈何，还信沙弟之言，去寻那妖怪救师父去。"行者却回嗔作喜道："兄弟们，还要来结同心，收拾了行李、马匹，上山找寻怪物，搭救师父去。"

从以上语段可以得知，沙和尚在西行途中发挥着很大的凝聚作用。在西行途中，众人几乎都曾产生过犹豫或退却的想法，而沙和尚除了在狮驼岭上逢难时，因听信八戒之言而欲同分行李之外，从来不曾有过再次返回流沙河去当水怪的念头。他深知取经之事是为了将功折罪，求取正果，因此自己坚持身体力行，毫无退悔之心，而且每逢同伴产生消极畏难或动摇情绪时，几乎都会主动站出来劝说大家树立信心，努力去实现预定目标，甚至出谋划策，提出一些行之有效的解决困难的办法。当发生矛盾时，还需由他出来劝说调解；当两位师兄外出时，就由他陪伴保护师傅。所以，沙和尚是取经团队中不能缺少的一位人物。

同学们，沙和尚是最后加入取经团队的，却是最坚决的，虽然是师兄弟中本领最低的，却是人缘最好的。他不像孙悟空那么叛逆，也不像猪八戒那样好吃懒惰。那他身上有哪些优点呢？例如，稳重踏实、任劳任怨、情深义重……请你结合相关情节，对沙和尚的性格做个全面的分析吧。请你补充完成下面这棵师徒形象树吧。

唐僧师徒四人的成长构成了这棵师徒形象树。《西游记》中人物众多，天庭的各路神仙、取经路上的妖魔鬼怪、神仙的各个家丁……都可以形成一棵棵枝繁叶茂的人物大树。

同学们，对唐僧师徒四人来说，取经之路是一种救赎，更是一种修行。

成长于你们而言和修行一样，也许路途漫漫，荆棘丛生，但是"山重水复疑无路，柳暗花明又一村"，不管前方的路有多苦，只要初心不改，都会比站在原地更接近幸福。

在路上是一种美丽的人生状态。

敢问路在何方？路在脚下！

《骆驼祥子》：圈点与批注

导读1：探寻悲剧原因

亲爱的同学们，你们读过《骆驼祥子》这本书了吗？你们喜欢这本书吗？

老舍先生说自己非常喜爱这本书，是这本书让他走上了职业作家的道路。这本书也同样得到了作家、评论家极高的评价。著名学者、中国现代文学研究专家钱理群、温儒敏、吴福辉等评价《骆驼祥子》是写城市贫民悲剧命运的代表作，这部小说在老舍的全部创作中是一座高峰。

《骆驼祥子》还被译成俄文、日文与英文等多种文字，受到多个国家读者的追捧。接下来我们一起来读读这本书，并了解一下这本书的作者老舍先生。

老舍（1899—1966），原名舒庆春，字舍予，满族正红旗舒穆禄氏。中国现代小说家、著名作家，杰出的语言大师、人民艺术家，新中国第一位获得"人民艺术家"称号的作家。代表作有小说《骆驼祥子》《四世同堂》，剧本《茶馆》等。老舍的一生，总是忘我地工作，他是文艺界当之无愧的"劳动模范"。

老舍出生在北京的一个城市贫民家庭，父亲是紫禁城的一名护军。在他两岁的时候（也就是1900年），八国联军攻打北京，他的父亲在保卫皇城的战斗中牺牲了。父亲死后，全家只有靠母亲给人家缝缝补补挣钱糊口。老舍后来上学读书一直是靠一位乐善好施的刘大叔救济，他还曾因交不起学费从北京市立第三中学转到了免费供应食宿的北京师范学校。1918年毕业后，20岁的老舍先是做了小学校长，后来又被提升为劝学员，算是公务员，生活上相对有了保障。独特的生活经验使老舍成为一个写民间世界的高手。

这本书叫《骆驼祥子》，"骆驼祥子"是什么意思呢？

民国时期军阀混战，主人公祥子出城的时候遇上乱兵，辛辛苦苦买来的车丢了，人被大兵抓去当了壮丁。后来祥子寻找机会逃了出来，顺手牵了三匹骆驼在路上卖了。祥子逃出来之后就病了，人们听见他在睡梦中老是叨叨骆驼，于是送他个外号叫"骆驼祥子"。

祥子后来买车了吗？祥子靠拉车过上幸福的生活了吗？同学们，中国北平城里的那个年轻好强、充满生命活力的人力车夫祥子经历了"三起三落"的人生经历。请你一边阅读一边围绕着祥子人生的"起"与"落"进行圈点批注，并尝试着利用树状思维导图梳理祥子经历的"三起三落"。

第一次：被兵捉丢车；花96元买车；三年攒100元

第二次：逃出部队牵走骆驼；卖骆驼得35元；被孙侦探敲诈

第三次：娶虎妞；虎妞提议买车；卖车助丧；虎妞难产而死

三起三落

同学们，你们能根据以上的树状思维导图用简洁的语言概括祥子经历的"三起三落"吗？

祥子人生的第一次"起落"：省吃俭用，起早摸黑，辛苦了三年，攒下100元钱，最后讨价还价，花96元买下了他梦寐以求的新洋车。本以为可以通过努力，买下第二辆、第三辆车，然后开车厂子，却因为遇上乱兵，连人带车被抓走了，失去了他辛苦三年买下的洋车。

祥子人生的第二次"起落"：侥幸从军阀部队里逃了出来，还牵出了三匹骆驼。只可惜，因为兵荒马乱，骆驼卖不起价，只卖到35元，但好歹有了一笔积蓄，离买车近了一步。可是，很不幸，在曹先生家拉包月时，祥子遇上了孙侦探，被他敲诈、恐吓，存的钱都被抢走了。

祥子人生的第三次"起落"：娶了虎妞。虎妞虽然是引诱、强迫祥子娶了自己，但她也用自己的积蓄给祥子买了一辆二手洋车。祥子又拉上了自己的洋车，可是虎妞爱吃爱花，祥子拉车的钱不够花，虎妞的积蓄也渐渐地花完了。后来虎妞难产，她和祥子都愚昧迷信，请"蛤蟆大仙"陈二奶奶来看，最后难产而死。祥子卖了车，在绝望中不断堕落，和其他车夫一样混日子，又被夏太太传染了脏病，后来唯一牵挂的小福子也死了，祥子彻底堕落。

同学们，你们能结合树状思维导图以及具体情节说说作者为什么要以"骆驼祥子"作为本书题目吗？

小说名为《骆驼祥子》，新颖特别，既揭示了小说的主要人物祥子，又揭示了重要情节——祥子从乱军中逃出，牵回三匹骆驼，可以给读者留下深刻、鲜明的印象。骆驼的形象和勤劳、憨厚、吃苦耐劳的祥子也有几分相似。

我们在读经典作品时，不能只停留在表面，而是要反复阅读，对重要内容要进行品读。品读经典作品的重要方法就是圈点批注。简单的圈点批注，就是在阅读时圈出好词或重要的词，或在好词、重要词语下面画小圆圈或圆点，在好句或重要句子下面划线，在语段空白处批注自己对关键词语、句子的理解体会，也可以是思考、疑问。同学们，你们读书时喜欢圈点批注吗?下面我们就运用圈点批注法来探究祥子人生悲剧的原因。

一、时代原因

同学们,你们觉得祥子的悲剧命运是由哪些因素造成的呢?下面,我们一起读名著作一番探究吧。

请你阅读下面的语段,圈划出一些好词好句,并说说你的理解、体会和思考。

> 还没拉到便道上,祥子和光头的矮子连车带人都被十来个兵捉了去!
>
> ……闻着现在身上的臭汗味,他把以前的挣扎与成功看得分外光荣,比原来的光荣放大了十倍。他越想着过去便越恨那些兵们。他的衣服鞋帽,洋车,甚至于系腰的布带,都被他们抢了去;只留给他青一块紫一块的一身伤,和满脚的疱!不过,衣服,算不了什么;身上的伤,不久就会好的。他的车,几年的血汗挣出来的那辆车,没了!自从一拉到营盘里就不见了!以前的一切辛苦困难都可一眨眼忘掉,可是他忘不了这辆车!
>
> 吃苦,他不怕;可是再弄上一辆车不是随便一说就行的事;至少还得几年的工夫!过去的成功全算白饶,他得重打鼓另开张打头儿来!祥子落了泪!他不但恨那些兵,而且恨世上的一切了。凭什么把人欺侮到这个地步呢?凭什么?"凭什么?"他喊了出来。
>
> 这一喊——虽然痛快了些——马上使他想起危险来。别的先不去管吧,逃命要紧!

上面的语段,笔者用小圆点标注了"几年的血汗""至少还得几年的工夫""过去的成功全算白饶""他得重打鼓另开张打头儿来"。笔者做了这样的批注:兵荒马乱的时代让祥子多年的努力毁于一旦,而能再次拥有自己的车对祥子来说变得又很遥远和艰难！

笔者用横线画出了句子"祥子落了泪！他不但恨那些兵，而且恨世上的一切了。凭什么把人欺侮到这个地步呢？凭什么？'凭什么？'"，并做了这样的批注：车被抢，祥子的梦想破灭带给他巨大的痛苦，"凭什么"这一声呐喊，是他在对这个旧时代作无力的控诉和挣扎。

"祥子，我的好伙计！你太傻了！凭我作侦探的，肯把你放了走？"

"那——"祥子急得不知说什么好了。

"别装傻！"孙侦探的眼盯住祥子的："大概你也有个积蓄，拿出来买条命！我一个月还没你挣得多，得吃得穿得养家，就仗着点外找儿，跟你说知心话！你想想，我能一撒巴掌把你放了不能？哥儿们的交情是交情，没交情我能来劝你吗？可是事情是事情，我不图点什么，难道教我一家子喝西北风？外场人用不着费话，你说真的吧！"

"得多少？"祥子坐在了床上。

"有多少拿多少，没准价儿！"

"我等着坐狱得了！"

"这可是你说的？可别后悔？"孙侦探的手伸入棉袍中，"看这个，祥子！我马上就可以拿你，你要拒捕的话，我开枪！我要马上把你带走，不要说钱呀，连你这身衣裳都一进狱门就得剥下来。你是明白人，自己合计合计得了！"

以上语段描述了孙侦探敲诈祥子的场景，主要是以人物对话的形式展开。我们可以划出文中对孙侦探的语言描写并做一番品读："大概你也有个积蓄，拿出来买条命！""有多少拿多少，没准价儿！""我马上就可以拿你，你要拒捕的话，我开枪！我要马上把你带走，不要说钱呀，连你这身衣裳都一进狱门就得剥下来。"这几句话展现了孙侦探的凶狠、贪婪、狡诈，对底层人不择手段地欺压。孙侦探对祥子的打击敲诈导致祥子的第二次买车梦破灭了，对祥子的悲剧人生走向产生了直接的影响。

同学们，对于造成祥子悲剧命运的原因，你从上面的两个语段中有哪些发现呢？我们可以发现，造成祥子悲剧的根本原因是军阀混战的时代背景。祥子是社会中的人，而且所面对的是那个"强大的、罪恶的、病态的社会"。他历尽艰辛，三起三落，欲独立自主而终不可得，因为横在他面前的是一个强大、罪恶、病态的社会，他不可能凭一个人的力量与这个社会抗衡，只能成为这个病态社会的牺牲品。

二、他人原因

同学们，你们觉得谁是祥子生命中最重要的人呢？很多人认为是虎妞，那我们来读一读有关虎妞的片段吧。

把虎妞的话从头至尾想了一遍，他觉得像掉在个陷阱里，手脚而且全被夹子夹住，决没法儿跑。他不能一个个的去批评她的主意，所以就找不出她的缝子来，他只感到她撒的是绝户网，连个寸大的小鱼也逃不出去！既不能一一的细想，他便把这一切作成个整个的，像千斤闸那样的压迫，全压到他的头上来。在这个无可抵御的压迫下，他觉出一个车夫的终身的气运是包括在两个字里——倒霉！
…………

想到这儿，他把虎妞和虎妞的话都放在一边去；不，这不是她的厉害，而是洋车夫的命当如此，就如同一条狗必定挨打受气，连小孩子也会无缘无故的打它两棍子。这样的一条命，要它干吗呢？豁上就豁上吧！

他不睡了，一脚踢开了被子，他坐了起来。他决定去打些酒，喝个大醉；什么叫事情，哪个叫规矩……喝醉，睡！二十七？二十八也不去磕头，看谁怎样得了祥子！披上大棉袄，端起那个当茶碗用的小饭碗，他跑出去。

在这个片段中，我们可以用小圆点标注出两个反复出现的词"压迫"，这个词强调了祥子被虎妞欺压的状态。

"把虎妞的话从头至尾想了一遍，他觉得像掉在个陷阱里，手脚而且全被夹子夹住，决没法儿跑。"祥子的心理表明他已经向虎妞屈服了，这也是对生活的屈服，他不再那样充满自信，他已经不能掌控自己。

他还觉得"这不是她的厉害，而是洋车夫的命当如此，就如同一条狗必定挨打受气"，曾经自信、自爱、自律的祥子认了命，向命运屈服，觉得洋车夫的命运就是低贱的、绝望的。"他决定去打些酒，喝个大醉"，这是书中祥子第二次喝酒。祥子第一次喝酒是虎妞强迫他喝的，现在认命之后，他不再那么自律，破了酒戒。虎妞的陷阱与欲擒故纵，让祥子无处可逃，同时她也成为祥子悲剧命运的促成人物。

同学们，还记得祥子在茶馆里遇到老马、小马这一情节吗？我们一起读读其中的片段。

　　"还小呢，五十五！"老车夫喝了口酒。"天冷，拉不上座儿。我呀，哎，肚子空；就有几个子儿我都喝了酒，好暖和点呀！走在这儿，我可实在撑不住了，想进来取个暖。屋里太热，我又没食，横是晕过去了。不要紧，不要紧！劳诸位哥儿们的驾！"

　　…………

　　老者吃完自己的份儿，把杯中的酒喝干，等着小马儿吃净了包子。掏出块破布来，擦了擦嘴，他又向大家点了点头："儿子当兵去了，一去不回头；媳妇——"

　　…………

　　天真冷。空中浮着些灰沙，风似乎是在上面疾走，星星看不甚真，只有那几个大的，在空中微颤。地上并没有风，可是四下里发着寒气，车辙上已有几条冻裂的长缝子，土色灰白，和冰一样凉，一样坚硬。祥子在电影园外立了一会儿，已经觉出冷来，可是不愿再回到茶馆去。他要静静的独自想一想。那一老一少似乎把他的最大希望给打破——老者的车是自己的呀！自从他头一天拉车，他就决定买上自己的车，现在还是为这个志愿整天的苦奔；有了自己的车，他以为，就有了一切。哼，看看那个老头子！

他不肯要虎妞，还不是因为自己有买车的愿望？买上车，省下钱，然后一清二白的娶个老婆；哼，看看小马儿！自己有了儿子，未必不就是那样。

以上语段中的祥子遇到老马、小马后的"想一想"也是值得我们去深思的。"那一老一少似乎把他的最大希望给打破——老者的车是自己的呀！自从他头一天拉车，他就决定买上自己的车，现在还是为这个志愿整天的苦奔；有了自己的车，他以为，就有了一切。哼，看看那个老头子！"

自己有车的车夫老马，却因为吃不饱肚子，饿晕了，让祥子想靠挣一辆自己的车来改变生活的愿望落了空，因为祥子从老马身上看到了车夫的未来。老马的遭遇对祥子的心灵产生了重要影响，老马的命运代表了穷人的宿命，在黑暗的社会中，穷人就年轻、身强力壮时能过得像个人，少年和老年时都要面对饥饿的威胁，很可能会饿死，就算像老马一样挣到自己的车，也还是穷困潦倒。老马让祥子对生活的希望彻底破灭了，他心里开始对生活、对命运妥协。

同学们，还有哪里能看出祥子的心灵发生了转变呢？我们来读一读夏太太的片段吧。

这要搁在二年前，祥子决不敢看她这么两眼。现在，他不大管这个了：一来是经过妇女引诱过的，没法再管束自己。二来是他已经渐渐入了"车夫"的辙：一般车夫所认为对的，他现在也看着对；自己的努力与克己既然失败，大家的行为一定是有道理的，他非作个"车夫"不可，不管自己愿意不愿意，与众不同是行不开的。那么，拾个便宜是一般的苦人认为正当的，祥子干吗见便宜不捡着呢？

　　祥子在屡次遭受生活的打击之后，想法也越来越堕落。祥子之所以会染上脏病，正是因为他的思想已经变化了。从以上语段的这些话可以看出祥子心灵的巨大变化。"他已经渐渐入了'车夫'的辙：一般车夫所认为对的，他现在也看着对；自己的努力与克己既然失败，大家的行为一定是有道理的，他非作个'车夫'不可，不管自己愿意不愿意；与众不同是行不开的。"

　　我们可以画出来并作一些批注：祥子决定不再洁身自好，不再积极上进，而是融入"车夫"这个群体，因为思想上先堕落了，也就为下文得脏病埋下伏笔。

　　夏太太、其他车夫等都对祥子的悲剧命运产生了重要的影响。同学们，你们还知道哪些人物也对祥子的悲剧命运有影响呢？请找出来并作圈点批注吧！

三、自身原因

　　同学们，虎妞的死让祥子的人生狠狠地堕落下来，那么虎妞的死与祥子有关吗？我们一起再来读读虎妞难产的片段吧。

　　祥子对陈二奶奶的信心已经剩不多了，但是既花了五块钱，爽性就把她的方法都试验试验吧；既不肯打她一顿，那么就依着她的主意办好了，万一有些灵验呢！

　　直挺挺的跪在高香前面，他不晓得求的是什么神，可是他心中想要虔诚。看着香火的跳动，他假装在火苗上看见了一些什么形影，心中便祷告着。香越烧越矮，火苗当中露出些黑道来，他把头低下去，手扶在地上，迷迷胡胡的有些发困，他已两三天没得好好的睡了。脖子忽然一软，他唬了一跳，再看，香已烧得剩了不多。他没管到了该立起来的时候没有，挂着地就慢慢立起来，腿已有些发木。

　　陈二奶奶和"童儿"已经偷偷地溜了。

祥子没顾得恨她，而急忙过去看虎妞，他知道事情到了极不好办的时候。虎妞只剩了大口的咽气，已经不会出声。收生婆告诉他，想法子到医院去吧，她的方法已经用尽。

祥子心中仿佛忽然的裂了，张着大嘴哭起来。小福子也落着泪，可是处在帮忙的地位，她到底心里还清楚一点。"祥哥！先别哭！我去上医院问问吧？"

没管祥子听见了没有，她抹着泪跑出去。

以上语段是写虎妞难产时，祥子听信虎妞请来"蛤蟆大仙"的情景。语段中的"但是既花了五块钱，爽性就把她的方法都试验试验吧""他不晓得求的是什么神，可是他心中想要虔诚""他假装在火苗上看见了一些什么形影，心中便祷告着"写出了祥子的愚昧、无知，把希望寄托于渺茫的"祷告"。"祥子心中仿佛忽然的裂了，张着大嘴哭起来。"读到这里，我们感受到了祥子内心的绝望与痛苦。在虎妞怀孕后，祥子因为一种做父亲的情感而对生活产生希望，但随着虎妞难产死去又灰飞烟灭。我们说，祥子的悲剧与他自身的愚昧无知也有着很大的关系。

同学们，你们知道吗？祥子的钱会被孙侦探敲诈走，其实还有他自己的原因，我们来读一读吧。

祥子知道她是好心，而且知道厨子王六和奶妈子秦妈都有折子，他真想试一试。可是有一天方大小姐叫他去给放进十块钱，他细细看了看那个小折子，上面有字，有小红印；通共，哼，也就有一小打手纸那么沉吧。把钱交进去，人家又在折子上画了几个字，打上了个小印。他觉得这不是骗局，也得是骗局；白花花的现洋放进去，凭人家三画五画就算完事，祥子不上这个当。他怀疑方家是跟邮局这个买卖——他总以为邮局是个到处有分号的买卖，大概字号还很老，至少也和瑞蚨祥，鸿记差不多——有关系，所以才这样热心给拉生意。即使事实不是这样，现钱在手里到底比在小折子上强，强的多！折子上的钱只是几个字！

曾经有个方太太劝祥子把钱存起来，祥子知道她是好心，而且知道厨子王六和奶妈子秦妈都有折子，他真想试一试。可是，他试了吗？我们画下这样几句话："他觉得这不是骗局，也得是骗局；白花花的现洋放进去，凭人家三画五画就算完事，祥子不上这个当。""现钱在手里到底比在小折子上强，强的多！折子上的钱只是几个字！"

这几句话让我们觉得祥子思想保守、固执，不肯接受新事物，有钱不肯存银行，非要拿现钱在手里，存在他那个储钱罐里，导致后来被孙侦探敲诈走了所有钱。

同学们，请你们一边阅读，一边对体现祥子悲剧命运的自身原因的词句作圈点批注吧。我相信，你们一定会有更多的发现。

我们回顾一下整本书，对祥子的悲剧产生重要影响的有这样一些人：兵、孙侦探、虎妞、小福子、陈二奶奶、老马、夏太太。这些人有的命运悲苦，如小福子、老马，他们让祥子的希望破灭；有的欺压、迫害祥子，如兵、孙侦探、陈二奶奶等。祥子的悲剧也和他自身的愚昧、不觉悟有关系，但更多的是那个时代的黑暗造成的。

同学们，对于祥子的悲剧命运，你们有怎样的思考和体会呢？把你们的思考与体会批注下来吧。

悲剧原因

他人原因
- 虎妞的陷阱
- 老马的悲惨命运
- 夏太太及其他车夫的影响
- ……

时代原因
- ……
- 国民党特务敲诈
- 军阀大兵抓人

自身原因
- 不善于学习
- 古板
- 愚昧无知
- ……

导读2：品析"京味儿"

圈点批注法是古人常用的读书方法。精彩而独到的圈点批注会成为经典流传下来，比如中国古典小说批评史上的经典金圣叹评《水浒》、毛宗岗评《三国演义》、脂砚斋评《红楼梦》等。

批注时我们既可以边读边跟着感觉随手批注，也可以选择一个角度，较为深入地批注。同学们，你们觉得可以从哪些角度进行批注呢？

我们可以从作品的内容、写作手法、语言特色等角度来批注，也可以批注语言风格等。

老舍曾说："我生在北平，那里的人、事、风景、味道，和卖酸梅汤、杏仁茶的吆喝的声音，我全熟悉。一闭眼我的北平就完整地，像一张色彩鲜明的图画浮立在我的心中。我敢放胆地描画它。它是条清溪，我每一挥手，就摸上条活泼泼的鱼儿来。"正是因为对北平的熟悉，老舍笔下的《骆驼祥子》鲜明地体现了"京味儿"风格。下面，我们一起用圈点批注的方法，从"京味儿"语言、"京味儿"生活、"京味儿"环境等方面品析体会《骆驼祥子》一书中体现出来的"京味儿"。

一、"京味儿"语言

这种"京味儿"首先体现在语言上，运用北京口语写作是老舍作品语言艺术的主要特色，他善于从北京口语中发现宝藏，加工提炼，加以创造。我们来看几个例子。

下面这个片段展示的祥子是年轻、健壮、自信的。

> 他的身量与筋肉都发展到年岁前边去；二十来的岁，他已经很大很高，虽然肢体还没被年月铸成一定的格局，可是已经像个成人了——一个脸上身上都带出天真淘气的样子的大人。看着那高等的车夫，他计划着怎样杀进他的腰去，好更显出他的铁扇面似的胸，与直硬的背；扭头看看自己的肩，多么宽，多么威严！杀好了腰，再穿上肥腿的白裤，裤脚用鸡肠子带儿系住，露出那对"出号"的大脚！是的，他无疑的可以成为最出色的车夫；傻子似的他自己笑了。

在这个片段中，作者通过对祥子外貌、动作和心理的描写，向我们展示了一个初进城时忠厚朴实、强健坚毅的祥子的形象。同学们，你们知道哪些词句含有"京味儿"了吗？是的，"杀进腰""鸡肠子带儿""'出号'的大脚"等词汇融合了北京方言特有的语音习惯和表达方式，向读者展现了特殊的北京风味。

我们来看第二个例子，这是祥子连人带车被兵捉走之前的片段。

拉到了西直门，城洞里几乎没有什么行人。祥子的心凉了一些。光头也看出不妙，可是还笑着说："招呼吧，伙计！是福不是祸，今儿个就是今儿个啦！"祥子知道事情要坏，可是在街面上混了这几年了，不能说了不算，不能耍老娘们脾气！

我们可以在语段中划下光头的这句话。在这句话里光头一共使用了两个方言："招呼吧"就是我们所说的"干吧"，"今儿个"意指"现在"。当"今儿个就是今儿个啦"连用的时候，这句话就变成了"成败在此一举"的意思。

我们再来看一个片段。在曹先生家里，高妈叫祥子把钱放出去，收利息。

告诉你，祥子，搁在兜儿里，一个子永远是一个子！放出去呢，钱就会下钱！没错儿，咱们的眼睛是干什么的？瞧准了再放手钱，不能放秃尾巴鹰。当巡警的到时候不给利，或是不归本，找他的巡官去！一句话，他的差事得搁下，敢打听明白他们放饷的日子，堵窝掏；不还钱，新新！将一比十，放给谁，咱都得有个老底；好，放出去，海里摸锅，那还行吗？你听我的，准保没错！

同学们，你们觉得高妈的这段话里，有哪些词句特别能体现"京味儿"呢？

高妈劝祥子放钱的这段话干脆利落，生动鲜明，是典型的北方方言。"兜儿""没错儿"等儿化音的语音响亮，体现了北京话"嘎嘣脆"的特点，读起来简洁利落，又带着一股北京特有的传统风味。"秃尾巴鹰""堵窝掏""将一比十""海里摸锅"等口语化俗语的运用，从侧面反映出老舍对自己所生活地方的语言的熟悉和了解。

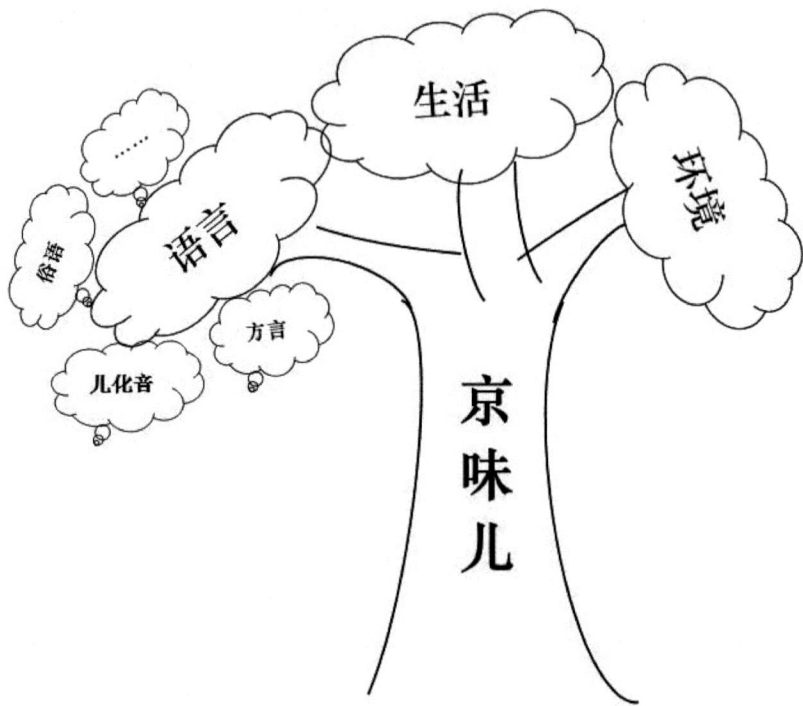

语言 …… 俗语 儿化音 方言 生活 环境 京味儿

二、"京味儿"生活

《骆驼祥子》除了语言风格上体现出浓郁的"京味儿"，书中人物的生活也体现出"京味儿"。我们一起来读读。

> 现在，怎能占点便宜，他就怎办。多吸人家一支烟卷，买东西使出个假铜子去，喝豆汁多吃几块咸菜，拉车少卖点力气而多争一两个铜子，都使他觉到满意。

这个片段写祥子堕落后贪图享受、偷懒、爱占小便宜的人物特点，里面提到了"豆汁"这种食物。提起北京小吃，首先让人想到豆汁，豆汁在北京已有几百年的历史了，早已融入平常百姓家，深受老北京人的喜爱，在清朝宫廷剧里经常可以见到豆汁的身影。豆汁是绿豆发酵的产物，老北京人偏爱的是发酵程度较重的豆汁，颜色是低沉的，酸味和馊味很重，外地人大多吃不惯。

我们再来看书中另一个老北京的特色食物：

> 街上越来越热闹了，祭灶的糖瓜摆满了街，走到哪里也可以听到"抚糖来，抚糖"的声音。祥子本来盼着过年，现在可是一点也不起劲，街上越乱，他的心越紧，那可怕的二十七就在眼前了！他的眼陷下去，连脸上那块疤都有些发暗。

同学们，你们找出来语段中的老北京特色食物了吗？"糖瓜"这种北京特色的食物和"抚糖来，抚糖"的吆喝声以及"祭灶"的习俗都体现了"京味儿"。

我们再来读一个体现老北京特色的市井生活片段：

> 虎妞的首饰与好一点的衣服，都带到棺材里去。剩下的只是一些破旧的衣裳，几件木器，和些盆碗锅勺什么的。祥子由那些衣服中拣出几件较好的来，放在一边；其余的连衣服带器具全卖。他叫来个"打鼓儿的"，一口价卖了十几块钱。

"打鼓儿的"是指在北京收旧货的小贩。因其用"鼓声"取代了吆喝声而成了北京特有的生活现象。虽然在其他各地也有收旧货的小贩，但这种以"打鼓儿的"为特点的收货方式是北京收旧货小贩最大的特点。

下面我们来看看老北京请客做寿的片段。刘四爷做寿搭棚的要求：

> 讲好的是可着院子的暖棚，三面挂檐，三面栏杆，三面玻璃窗户。棚里有玻璃隔扇，挂面屏，见木头就包红布。正门旁门一律挂彩子，厨房搭在后院。刘四爷，因为庆九，要热热闹闹地办回事，所以第一要搭个体面的棚。

从这段描述刘四爷做寿的情节可以看出北京人讲究体面、排场、气派，讲究礼仪。

三、"京味儿"环境

《骆驼祥子》中的"京味儿"还体现在环境上。我们继续来阅读下面的片段。

初六，虎妞坐上了花轿。没和父亲过一句话，没有弟兄的护送，没有亲友的祝贺；只有那些锣鼓在新年后的街上响得很热闹，花轿稳稳的走过西安门，西四牌楼，也惹起穿着新衣的人们——特别是铺户中的伙计——一些羡慕，一些感触。

这个片段中的"西安门""西四牌楼"是虎妞出嫁时经过的地方，都是北京的具体地名。《骆驼祥子》中有多处这样的地名，同学们可以用心去找找。老舍通过描写北京真实的地理环境，体现了浓浓的"京味儿"。

祥子结婚前去天桥的片段也体现了"京味儿"环境，我们一起读一读、找一找。

往南，往东，再往南，他奔了天桥去。新年后，九点多钟，铺户的徒弟们就已吃完早饭，来到此地。各色的货摊，各样卖艺的场子，都很早的摆好占好。祥子来到，此处已经围上一圈圈的人，里边打着锣鼓。他没心去看任何玩艺，他已经不会笑。

平日，这里的说相声的，耍狗熊的，变戏法的，数来宝的，唱秧歌的，说鼓书的，练把式的，都能供给他一些真的快乐，使他张开大嘴去笑。他舍不得北平，天桥得算一半儿原因。每逢望到天桥的席棚，与那一圈一圈儿的人，他便想起许多可笑可爱的事。

同学们，读完这段话你体会到老北京"天桥"这一著名景点的"京味儿"了吗？"说相声的，耍狗熊的，变戏法的，数来宝的，唱秧歌的，说鼓书的，练把式的"，这些特色表演体现了浓浓的"京味儿"，展现了天桥的热闹、有趣。

祥子心里所想"他舍不得北平，天桥得算一半儿原因"，这句话也是老舍的心声。老舍把他笔下的人物都放在北京这座大都市之中，他们住的院子、胡同，行走过的胡同大街，到过的公园、饭馆、店铺都是真实的或曾存在过的。我们再来读读小说中对大杂院的描绘吧。

大杂院里有七八户人家，多数的都住着一间房；一间房里有的住着老少七八口。这些人有的拉车，有的做小买卖，有的当巡警，有的当仆人。各人有各人的事，谁也没个空闲，连小孩子们也都提着小筐，早晨去打粥，下午去拾煤核。只有那顶小的孩子才把屁股冻得通红的在院里玩耍或打架。炉灰尘土脏水就都倒在院中，没人顾得去打扫，院子当中间儿冻满了冰，大孩子拾煤核回来拿这当作冰场，嚷闹着打冰出溜玩。

季羡林回忆老舍先生，这样写道："老舍先生对北京人民生活之熟悉，是众所周知的。有人戏称他为'北京土地爷'。他结交的朋友，三教九流都有。他能一个人坐在大酒缸旁，同洋车夫、旧警察等旧社会的'下等人'，开怀畅饮，亲密无间，宛如亲朋旧友。"

正是因为出身贫民，熟悉底层生活，所以老舍才能把大杂院描绘得细腻真实，"连小孩子们也都提着小筐，早晨去打粥，下午去拾煤核。只有那顶小的孩子才把屁股冻得通红的在院里玩耍或打架。炉灰尘土脏水就都倒在院中，没人顾得去打扫……"这些句子对大杂院贫民生活的描摹，体现了当时社会的黑暗、贫民生活的艰苦，让人身临其境，展现了浓浓的"京味儿"环境。

　　老舍曾说："我真爱北平。这个爱几乎是要说而说不出的……我所爱的北平不是枝枝节节的一些什么，而是整个儿与我的心灵相黏合的一段历史，……我的最初的知识与印象都得自北平，它是在我的血里，我的性格与脾气里有许多地方是这个古城所赐给的。"因而北京对他而言不仅仅是一种地域符号，还是他的魂。

　　因为熟悉，因为热爱，所以成就了老舍作品中独特的"京味儿"风格。《骆驼祥子》中还有哪些方面也体现了"京味儿"呢？同学们可以通过自己的阅读继续补充。

《海底两万里》：快速阅读

导读1：航海经历

同学们，我们接下来将一起阅读的《海底两万里》是一本诞生于150多年前，记录作者儒勒·凡尔纳关于海洋幻想的科幻小说。

在阅读之前，我们先来了解一下作者吧。

儒勒·凡尔纳是19世纪法国著名的科幻和探险小说作家，被誉为"科幻小说之父""科学时代的预言家"。《海底两万里》是他的"海洋三部曲"之一（另两部是《格兰特船长的儿女》和《神秘岛》），也是他的名篇佳作之首。

在19世纪人才辈出的欧洲，凡尔纳是独树一帜的存在：他在科学理论研究的基础上展开大胆的、合理的想象，拓宽知识的边界，并且以独特的预见性创造了科幻小说的最高境界——将科学幻想变成科学预言。潜水艇的发明者西蒙·莱克在自传的开篇写道："儒勒·凡尔纳是我一生事业的总指导！"海军少将伯德在飞越北极后说，凡尔纳是他的领路人。法国元帅利奥台甚至说："现代科学只不过是将凡尔纳的预言付诸实践的过程而已！"

同学们，当你们看到世人对儒勒·凡尔纳的评价时，有没有大吃一惊。"科幻小说之父"这个名头可真响亮啊！那么，儒勒·凡尔纳是如何走上文学创作这条路的呢？凡尔纳母亲的家族中有许多人是航海家，他的启蒙教师是一位船长的遗孀，因此凡尔纳一直向往着远航探险。11岁时，他悄悄登上了一艘开往印度的邮船。不料中途被父亲截了回来，挨了一顿揍。在家里，他流着泪向父亲发誓："以后只躺在床上在幻想中旅行。"正是这样，凡尔纳一生博览群书，在幻想中遨游世界，从而创作出了许多著名的科幻小说。

《海底两万里》这本书涉及的知识十分丰富，而且有许多跌宕起伏的故事情节和扣人心弦的悬念，如果你们急切地想知道故事或人物的结局，不妨采用快速阅读的方式吧。

快速阅读是一种基本的阅读技巧，可以帮助我们尽快地把握全书的内容。

第一，要集中精力，专心致志。要全神贯注地读，尽快弄清作品中发生了哪些故事、有哪些人物等，对小说有个概括性的了解。如《海底两万里》讲述了主人公尼摩船长（也译作"尼摩艇长"）驾驶自己设计制造的潜水艇"诺第留斯号"，带着阿龙纳斯（也译作"阿罗纳克斯"）教授、尼德·兰和康塞尔在大海中自由航行的故事。

第二，以默读为主。同学们要注意培养默读的习惯，并达到一定的速度。初一阶段，阅读一般的现代文每分钟应不少于400字。我们可以用默读的方式阅读《海底两万里》中《漫步海底平原》这一章，以检测自己的阅读速度。

第三，眼睛的视域要宽。读的时候尽量不回视，尽量扩大扫视的范围，在短时间内把尽可能多的内容收入眼底。可以从少到多进行扩大视域的训练。

第四，掌握抓关键信息和主要线索的能力，做到有所取舍。如《海底两万里》中的尼摩船长，是全书的核心人物，也是故事发生、发展的关键，对涉及他的语段就需要格外关注。而对文中大段的景物描写、知识介绍，或暂时不能理解的内容、不认识的生字词，可以先跳过去，回头再根据需要和个人兴趣补充阅读。

一、航行路线

不知道同学们有没有这样的困惑：有的小说看完也就忘记了，这种忘记不是指完全没有印象，而是指记忆出现了混乱或者模糊，对书本的细枝末节记不清了。那么，有什么方法可以帮助我们记忆小说的情节呢？今天我们一起来绘制一棵思维树，帮助我们厘清整本书的故事情节。

故事发生在1866年，法国人阿龙纳斯，一位生物学家，应邀赴美参加一项科学考察活动。这时，海上出了个怪物，在全世界闹得沸沸扬扬。科考活动结束之后，生物学家正准备束装就道，返回法国，却接到美国海军部的邀请，于是改变计划，登上了一艘驱逐舰，参与"把那个怪物从海洋中清除出去"的计划。然而"怪物"未被清除，驱逐舰反被"怪物"重创，生物学家和他的仆人以及为清除"怪物"被特意请到驱逐舰上来的一名捕鲸手，都成了"怪物"的俘虏。最后他们发现"怪物"是一艘尚不为世人所知的潜艇，名为"鹦鹉螺号"。潜艇对俘虏倒也优待，只是，为了保守秘密，尼摩船长不许他们离开，于是阿龙纳斯一行人别无选择，开始了为期10个月的海底旅行。

我们第一遍粗读可以发现，在此次海底旅行中，三人依次经过了这些地区：太平洋、印度洋、红海、地中海、大西洋、南极海域、大西洋和北冰洋。

在这些地区，三人又经历了哪些或浪漫、或庄严、或惊险的故事呢？例如，在太平洋航行：

在太平洋，他们漫步海底平原，尽情欣赏海洋里各种奇特的生物。他们在海底森林打猎，在返回的途中，打到了一只海獭，也在这时他们遭遇了第一次险情——遇到了巨大而可怕的大角鲨。多亏了尼摩船长和同伴把阿龙纳斯和康塞尔摁到地上，这才躲过一劫。潜艇在太平洋下继续穿行，准备经由地球上最危险的海峡——托雷斯海峡前往印度洋，但是却遇到了第二次险情——触礁搁浅。可船长并不担心，他说可以借助5天后太平洋涨潮返回海洋。潜艇搁浅时，还遭到了土著人的围攻，尼摩船长将电通到潜艇外壳，土著人触电后吓得魂飞魄散，很快就撤退了。

我们可以标出主要事件：漫步海底平原、海底森林打猎、遇到大角鲨、触礁搁浅、遭到了土著人的围攻。

我们再来看看潜艇在印度洋行驶的情况吧，你能找出主要事件吗？

潜艇在印度洋行驶。有一天，尼摩船长突然下令将三人关起来，并强制睡眠。醒来后，尼摩船长请阿龙纳斯给一位伤员看病，可伤员已经无法医治。次日，船长带三人来到五彩缤纷的珊瑚王国，将那位因伤而死的船员安葬在珊瑚墓园里。潜艇在印度洋穿行，来到锡兰岛，一个靠采珠出名的地方。船长邀请三人参观了采珠场。他们穿着潜水服进入海里，观看一个大如椰子的珍珠。返回时，一头大鲨鱼突然向一名采珠人发起进攻，船长舍身相救，与鲨鱼展开殊死搏斗。千钧一发之际，尼德·兰一叉刺中鲨鱼要害，救了船长。

其中，强制睡眠、海底葬礼、参观采珠场、勇斗鲨鱼是主要事件，需要我们特别关注。

同学们，请你们一边快速阅读本书，一边按照以上方法找出其他地方的主要事件并标注出来吧。

二、海洋世界

厘清故事情节后，我们一起来看几个精彩片段，进一步体会神奇瑰丽、惊险刺激的海洋世界。

同学们，请你们阅读以下语段，说说海洋世界的神奇之处。

林间空地，寸草不见；丛生的灌木枝条，既不沿地蔓延，也不弯腰下垂；树枝全都不向水平方向伸展。所有的枝条都往上长，伸向洋面。所有的细茎，所有的带状叶子，无论是多细多薄，全都像铁丝一般地挺直。墨角藻和藤本植物，受到海水密度的控制，挺拔地笔直往上长。它们全都纹丝不动地待在水中，当我用手把它们撩开后，它们随即又恢复原状。这儿竟是一个垂直线的王国。

…………

我发现，所有这些植物界的物种，全都只是由表面的根突钩在海底地面上。它们没有根，无论是沙子、贝壳、甲壳，还是卵石，只要是固体，都可以支撑它们，它们要求这些固体物质的只是一个支点，而并不需要它们供给营养。这些植物自生自灭，它们赖以生存的元素存在于维持、营养它们的海水之中。它们中大部分都没有叶子，长出来的都是一些奇形怪状的胞层，表面色彩单调，只有粉红色、胭脂红、青绿色、橄榄色、浅黄色和棕褐色。

那里是垂直线的王国，所有植物的枝叶全都垂直向上，没有根系，不长叶子，完全不同于人们所见到的陆地植物的生长状况。另外，海底还有千奇百怪的生物，同样引人入胜。比如"蝇鱼""囊虫鱼"等众多鱼类，还有文中其他部分描绘的"漂亮的海獭""美丽的信天翁""令人毛骨悚然的角鲨"等。小说所描绘的海底世界是世人完全陌生的世界，作者丰富的海洋知识可见一斑。

在描绘海底森林的自然景观时，作者着力表现其最美丽和奇异的特点。作者描绘这样一个美妙的境界，令人感到好奇和新鲜。

此时，我们眼前见不到海，见不到流动的海水。横亘在"鹦鹉螺"号冲角下的是一大片冰原，上面满是参差不齐、形状怪异的冰块。它们像是冰河解冻、凌汛到来时的江河上的景象一样，犬牙交差，混乱不堪，只不过这儿的状况更加壮观，场面更加宏大。放眼望去，一些高有二百尺的尖尖山峰和细如针尖的冰挂星罗棋布；更远处，是一些灰白灰白的陡峭冰峰，像明亮的镜面似的大冰原，闪现着透过蒙蒙雾气射出来的阳光。除此而外，只剩下这荒凉之地的死一般的寂静，只是偶尔有几只海燕和剪水鹱拍击翅膀的声响传来。于是，似乎一切全都被冰雪封住了，甚至声音也静止不动了。

以上片段是写"诺第留斯号"沿着西经55度行驶，在南极海域地区遇到了冰山的阻隔。"混乱不清的大冰群""峭立的尖峰""连声音也冰冻了"，对以前的航海家来说，冰山是不可超越的障碍。尼摩船长经过观察，决定从海底潜行，到达南极后再利用"诺第留斯号"厉害的冲角，沿对角线的方向向冰层直冲上去从而脱险，并登上南极大陆。故事情节曲折紧张，瞬息间即可改变人物的命运。其他诸如海底狩猎，探访海底的亚特兰蒂斯废墟，打捞西班牙沉船的财宝，目睹珊瑚王国的葬礼，与大蜘蛛、鲨鱼、章鱼搏斗，反击土著人的围攻等也同样写得波澜起伏，扣人心弦。同学们感兴趣的话可以课后再找到相关片段进行精读。

看完这本书之后，同学们有没有爱上瑰丽神奇的海洋世界？有没有想去海底探险的冲动？《海底两万里》拥有很多才华出众、地位特殊的读者，他们读完这本书后又有什么感想呢？我们一起来看看吧。

现代科学只不过是将凡尔纳的预言付诸实践的过程而已！

——法国元帅利奥台

凡尔纳的小说启发了我的思想，使我按一定方向去幻想。

——俄国宇航之父齐奥尔科夫斯基

我并不是不知道您的作品的科学价值，但我最珍重的却是它们的纯洁、道德价值和精神力量。

——梵蒂冈教皇利奥十三世

导读2：尼摩船长

我们在感叹凡尔纳惊人的想象力的同时，也对他笔下的一些极富个性特点的人物有了深刻的印象，而最神秘的人物非尼摩船长莫属。下面，我们继续阅读《海底两万里》，分析尼摩船长这一经典的文学形象。

我们在分析人物形象的时候，可以从以下角度来思考：

1.小说中人物的身份、地位、经历、教养、气质等。

2.从塑造人物的手法入手，分析人物的外貌、语言、行动和心理描写等正面描写和侧面描写所揭示的人物性格特征。

3.从分析情节入手，把握人物的性格特征。要注意全面、恰当、实事求是；注意人物性格的复杂、多重、多角度性；分清主次，把握人物的主要性格；把握人物性格发展的变化。

4.从分析环境入手，探究人物命运及其思想、性格之所以如此的社会原因。

5.从人物间的关系、作品中其他人物的评价入手。

一、时代的英雄

《凡尔纳传》的作者彼得·科斯特洛在谈到《海底两万里》里的尼摩船长时说："这个充满了狂热和报复的浪漫人物，这个未知世界的英勇探索者，会是儒勒·凡尔纳心中的理想人物吗？答案大概是肯定的。"实际上，凡尔纳对小说主人公的喜爱溢于言表，他甚至在小说中直接称他为"时代的英雄"。下面我们来看几个片段，可以从中一窥尼摩船长的人物形象。

请你读读以下片段，说说尼摩船长给你留下的印象。

尼摩艇长站起身来……我便走进了一间与刚离开的那间餐厅差不多大小的房间。

这是一间图书室……

"尼摩艇长，"我对刚刚靠在沙发上的主人说，"这间图书室即使放在各大洲的许多宫廷之中也毫不逊色……"

"……与您的这间图书室相比，我的工作室简直无法启齿了，您这里有六七千册书……"

"有一万两千册，阿罗纳克斯先生。这些书是我同陆地的唯一联系。从我的'鹦鹉螺号'潜入水中的那一天起，人世间的那个世界对我来说就已经是不复存在了。那一天，我买了最后一批书、最后一批小册子、最后一些报纸……教授先生，现在，这些书就归您使用了，您可以任意地使用它们。"

我谢过尼摩艇长，便走近书架。用各种文字撰写的科学、伦理学和文学类书籍应有尽有，但我未发现任何一本政治经济学方面的书籍，仿佛这类书籍被严格地别除出去了。有一点颇为奇怪：所有的书籍全都不是分门别类地摆放的，也不管它们是用何种文字写的；这么随意乱放，说明"鹦鹉螺号"的艇长能够随手取出一本书就顺畅地阅读。

是的，尼摩船长精通法语、英语、德语等语言，他的藏书库藏书多达12000册，涉及从古到今各个时代的大师的杰作——从荷马到雨果，一直到拉伯雷、乔治·桑，地理学、机械学、地质学、气象学等科学书籍更是丰富。他还收藏了很多的乐谱、名画和海底宝藏，如达·芬奇的圣女图和拉斐尔的圣母像，以及贝多芬、莫扎特等音乐巨匠的乐谱等。海底宝藏包括自然界中的各种罕见产品，如稀有的新荷兰岛海贝和美丽的印度洋王贝等。关键的是，"鹦鹉螺号"也是他自己建造的。由此我们可以看出尼摩船长的博学多识。

此外，尼摩船长从不把书分门别类地摆放，这就意味着旁人很难知道他拥有哪些书，他最喜欢的是什么类型的书，以及他不喜欢什么类型的书。这样可以隐藏很多有关尼摩船长的个人信息，增加他的神秘感，与全书塑造的尼摩船长神秘莫测的形象十分契合。

那么，阿龙纳斯教授眼中的尼摩船长又是怎样的一个人呢？我们继续阅读：

他身材高大，天庭饱满，鼻直口方，牙齿整齐，两手纤细，用看手相的说法，此人"颇有灵性"，也就是说，与他那高傲而富有情感的心灵相得益彰。此人可以说是我所见过的最完美的一个人。他还有一个特点:两眼间距较常人的稍大,因此视野开阔,能眼观六路。他的这种功能——我后来得以证实——使他的视觉比内德·兰德都要强得多。当他盯着一件东西时,他往往先把眉头皱起,使宽宽的上下眼皮相互贴近,让瞳孔缩小,这样他的视野就扩大了。他的目光是多么的犀利啊!远处变小了的东西都被他放大了!他可一眼看透你的五脏六腑!他能看清我们看着模糊一片的海水!他能够看清海底的一切情况……

这是对尼摩船长的外貌描写。我们从阿龙纳斯教授的描述中可以看出,他目光锐利,身材高大,始终高傲地扬着头颅。尼摩船长给读者的印象永远是那么沉着,人们很少能看到他激动时的表现,即使遇到巨大的困难,他也能够冷静地面对。凡尔纳着重描写了尼摩船长的一双眼睛,从这一处的描写不难看出他的高瞻远瞩和心中远大的抱负。

下面,我们再来读读关于尼摩船长的动作和语言描写的片段:

这场面只是瞬间的事。鲨鱼掉转头来,翻转身子,正准备把采珠人拦腰咬断。突然间,蹲在我身旁的尼摩艇长忽地站直身子,举着匕首,朝那大怪物直扑过去,与它展开了顽强的搏斗。

正欲咬死不幸的采珠人的鲨鱼,突然发现冒出个新对手,便翻过身子,迅速地冲着尼摩艇长扑上来。

我现在都还记得尼摩艇长那勃发英姿。他立即俯下身体,以无比的沉着镇静等待着朝他猛扑过来的那条可怕的大鲨鱼;待它扑上来时,艇长敏捷地一闪,躲过了鲨鱼的攻击。与此同时,他将匕首刺中鲨鱼的腹部。但这只不过是人鲨大战的开端,恶战还在后面。

可以说,那条巨鲨简直是在怒吼!鲜血从它那被刺中的地方喷涌而出,染红了周围的海水,海水变得混浊不清,我已什么都看不见了。

我眼前一直这么模糊一片，直到海水突然稍稍清了一点，透出一点亮光。我才影影绰绰地看见，尼摩艇长还抓住鲨鱼的一个鳍，同它进行着殊死搏斗。他一刀接一刀地往鲨鱼肚腹扎去，但一直未能使之毙命，也就是说，未能刺进它的心脏，给它致命的一击。鲨鱼挣扎着，疯狂地搅动着海水，被搅起的漩涡差点儿把我冲翻在地。

这是一段惊险非常的动作描写，突出了尼摩船长的善良和勇敢，即便在这样的时刻也不失理智，冷静应对，更突出了他的有勇有谋。

"没他们的份儿！"尼摩艇长颇为激动地说，"这么说，先生，您是认为我把这些财宝捡拾了之后，它们就丧失掉了？照您的意思，我费劲把这些财宝打捞上来，只是为我自己了？谁告诉您说我不会好好地利用这些财宝了？您是不是以为我不知道世界上还有受苦受难的人，受到残酷压迫的人？不知道这个世界上还有需要接济的穷人，需要为之报仇雪恨的受害者？您现在难道还看不清楚吗？"

尼摩艇长说到这儿便没再往下说，他也许很后悔，觉得自己话说得太多了。不过，我早就猜到他的心思了。无论是什么原因迫使他不得不到海底来寻找自由，但他首先还是一个人！他的心依然在为人类的苦难而悲痛和忧伤，他仍然对所有受奴役受迫害的种族和个人怀着仁慈的爱。

因此，我明白了，当"鹦鹉螺号"在克里特岛附近行驶时，尼摩艇长送出去的那几百万法郎是给谁的了。

从这段语言描写可以看出，尼摩船长是一个热情帮助他人的人。虽然脱离了世俗社会的生活，尼摩船长仍然以慈爱之心关注着被压迫的人民。他定期将装有金银财宝的箱子交给固定的联系人，为殖民地人民的反抗斗争提供物质援助。这种同情怜悯底层人民和倾囊相助的行为，也突出了他高尚的品质。

同学们，阿龙纳斯教授初次见到尼摩船长时，说他"对所有人类怀着刻骨的仇怨"，甚至把鲨鱼看作同类。尼摩船长的性格孤傲偏激，任何人都无法改变他对于侵略者的仇恨，当"鹦鹉螺号"面对敌人时，尼摩船长又变身冷酷杀手，无情地击毁一艘艘航船，残忍地夺去一条条生命，让读者不寒而栗。撞击"林肯号"不但伤害了许多无辜的人，而且也无法真正完成对殖民活动的反抗。于是，他只能把自己淹没于海底之中，掩埋在孤独之中。

尼摩船长的人格魅力不是三言两语就能讲得清楚的，除了以上几个节选片段以外，还有许多其他与尼摩船长相关的情节，请你继续阅读本书吧。

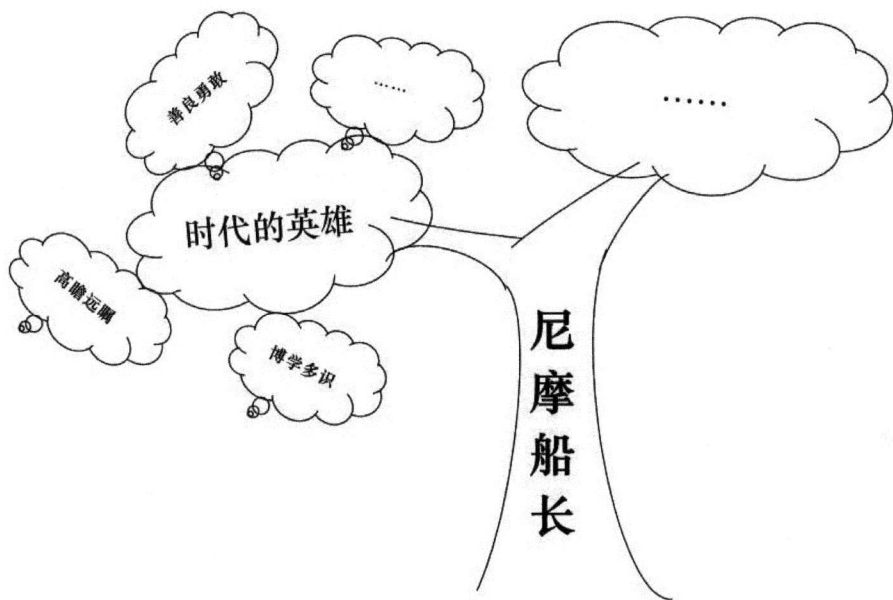

二、叛逆的斗士

凡尔纳笔下的尼摩船长并不是一个愤青型的"英雄人物"，不是那种有着"崇高追求"却失去自我的人，而是一个纠结徘徊、犹豫不决，是一个饱满真实的角色。那么神秘的尼摩船长到底是谁，他来自哪个国家呢？同学们，我们一起探究吧。

"尼摩"一词，在拉丁语中的意思是"查无此人"。在作品的结尾，凡尔纳仍然没有向读者揭示尼摩船长的来历，读者只能从字里行间猜测尼摩船长的经历。他曾经自称"与整个人类决裂了"，在《一颗价值千万法郎的珍珠》中，尼摩船长救助印度采珠者时说："这个印度人，教授先生，是一个被蹂躏的国家的人民，我的心是向着那个国家的。而且，只要我还有最后一口气，我还会向着那个国家的。"这个细节暗示了尼摩船长印度人的身份。

请你读读选自于凡尔纳的海洋三部曲的另一部作品《神秘岛》的以下内容：

> 尼摩船长是印度的达卡王子，当时本德尔汗德还保持着独立，他就是本德尔汗德君主的儿子，印度英雄第波·萨伊布的侄子。十岁的时候，他的父亲把他送往欧洲去受全面的教育，打算将来依靠他有了才能和学识，来领导全国人民和压迫者进行斗争。
>
> ············
>
> 那时候，达卡王子心里充满了愤怒。他憎恨一个国家，一个他从来也不愿意去的国家；他仇视一个民族，他始终拒绝跟他们妥协；他痛恨英国，同样地他也非常注意英国。
>
> 他所以这样，是因为作为一个被征服者，他对于征服者抱着血海深仇，侵略者从被侵略者那里是得不到宽恕的。达卡王子是第波·萨伊布家族中的成员，他的父亲是一位只是在名义上臣服联合王国的君主，因此，他是在恢复主权和报仇雪恨的思想影响下成长起来的。他热爱自己的祖国，他的祖国像诗一样的美丽，然而却受着英国殖民者的奴役。他从来也不踏上他所诅咒的、奴役着印度人民的英国人的土地。
>
> ············
>
> 1857年，印度士兵爆发了武装起义，达卡王子是这次起义的中心人物，他组织了这次大规模的抗英运动。他为这事业贡献了自己的能

力和资财。他身先士卒,站在战斗的最前线。他很谦逊,他和那些为解放祖国而斗争的英雄一样,从没想到过自己的生命。他参加过二十次战役,受伤过十次。终于,英国的枪炮打死了最后一批起义战士,但他却逃出了虎口。

同学们,现在你知道尼摩船长的身份了吗?原来,尼摩船长是印度王子,十岁时被父亲送到欧洲接受教育,希望他将来能成为领导人民反抗压迫的首领。民族耻辱让王子的心态发生了极大的转变,他立志报仇雪恨,打败侵略者,恢复祖国独立。回国后,他恰好碰上了印度武装起义,成了起义的中心人物,领导人民为自由和尊严而战。可惜的是,起义以失败告终。从那时起,王子便彻底消失在人们的视野中,成了"诺第留斯号"的船长,并改名为尼摩。

《海底两万里》中提及了尼摩船长对英国的仇恨,他为自己辩护:"无论在哪里,我都尽力做我能做的好事,同时也干我该干的'坏事'。要知道,正义并不等于宽恕!"并且,结合以上《神秘岛》片段的介绍,我们可以一窥尼摩船长性格形成的第一个原因,就是他曲折离奇的身世背景。

同学们,你们还知道有哪些原因造就了尼摩船长的性格吗?

伯尔曾说过:"命运压不垮一个人,只会使人坚强起来。"尼摩船长很好地诠释了这句话。海上的生活表面风平浪静,其实每天都要面对无数的问题和挑战。船体状况、敌人偷袭、鲨鱼攻击以及各种各样不明生物的威胁都是"鹦鹉螺号"所要面对的,走错一步也许就会船毁人亡。因此,这就要求尼摩船长足够冷静镇定,趋利避害,在关键时刻甚至要为了大局壮士断腕,长期的磨炼让尼摩船长变得更加冷静,甚至冷酷无情。因此,海上面临的困难和挑战是尼摩船长性格形成的第二个原因。从心理学的角度而言,长期封闭的空间会使人的心理状态发生改变,变得压抑。正常人尚如此,更不用说满腹仇恨的尼摩船长了。尼摩船长长期困在"鹦鹉螺号"中,即使出去也是在见不到阳光的海底,阴森的环境助长了他的负面情绪,性格也随之变得古怪。因此,长期环境封闭导致沟通不足是尼摩船长性格形成的第三个原因。

那么，凡尔纳为什么要塑造这样一个形象呢？我们来了解一下这部小说的创作背景：凡尔纳创作《海底两万里》的一个契机是波兰人民反对沙皇独裁统治的起义遭到残酷镇压。他在小说中塑造了尼摩船长这个反对沙皇独裁统治的高大形象，赋予其强烈的社会责任感和人道主义精神，以此来表达对现实的批判。凡尔纳希望尼摩是位波兰人，他永不宽恕地把仇恨指向俄国沙皇（沙皇曾血腥镇压了一场波兰人的起义）。不过出版商赫泽尔担心他引起外交上的分歧，使该书在有利可图的俄国市场上遭禁。最后，他们相互妥协，认为尼摩的真正动机应当弄得模棱两可才有吸引力，尼摩应当被大致定位为自由的拥护者和反压迫的复仇者。

因此，凡尔纳笔下的尼摩船长上知天文，下知地理，无所不能，关键是他还有着一颗博大仁爱的心，他渴望自由，反对独裁，他一直爱着人类，他要反对的不是整个人类，而是那些奴役他人的人。这样的英雄怎能不让人心生敬佩。

凡尔纳曾在《神秘岛》中对尼摩船长的一生有过这样的描述：

> "你们对我有什么想法呢，先生们？"
>
> "我到底是错还是对呢？"他低声嘟囔道。
>
> 赛勒斯·史密斯接着说道："所有伟大的行动都是上帝的旨意，因为伟大的举动都从上帝那儿来！尼摩船长，站在这儿的是您曾经帮助过的老实人，他们将永远思念您！"

凡尔纳通过赛勒斯的口吻对尼摩船长的一生做了明智的剖析，话语中包含颂扬和谴责，但更多的却是无奈。我们必须看到，尼摩船长的内在良心是从来没有被残酷的生活经历所磨灭的，他的反殖民主义精神将永远高扬。

尼摩船长性格特点鲜明，他身上既有对穷苦人民的深沉的爱，也有火山般强烈的仇恨，同时离奇的身世也为这一传奇人物增添了几分神秘色彩。然而,当我们了解了尼摩船长的经历后,更多的会感到理解和同情。凡尔纳曾说尼摩是一个叛逆的斗士,这或许是对尼摩这位伟大船长最好的评价。

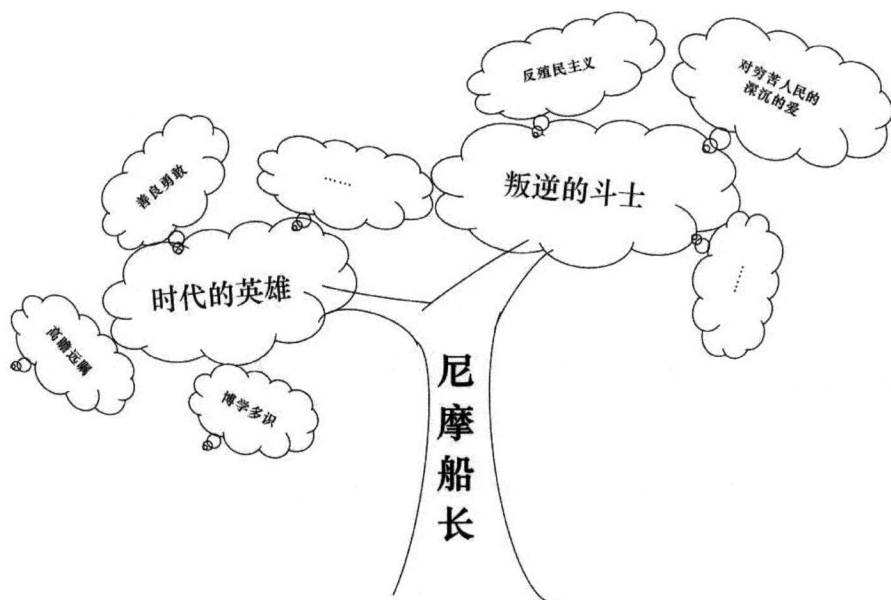

《红星照耀中国》：纪实作品的阅读

导读1：领袖人物和红军将领的革命之路

亲爱的同学们，你们喜欢读《红星照耀中国》吗？知道它的作者是谁吗？

是的，埃德加·斯诺，一位美国著名记者。

一位美国著名记者怎么会报道中国红军故事呢？在当时错综复杂的内外形势下，国民党对中国共产党的西北根据地进行了犹如铜墙铁壁般的严密封锁，这里的信息被阻滞、被审查，真实的情况一再被掩盖。人们听到的是各种混乱的传言，以致苏区以外的人们对红军队伍持有怀疑甚至否定的态度，他们认为红军不能克服物质上的匮乏，不能突破层层严密的封锁和"围剿"，最后必然会陷入惨败的境地，没有人知道真相，世人皆被谜团笼罩着。

在上述社会背景下，1936年，三十岁的斯诺，一位孤胆英雄，怀揣着对中国革命与战争的种种疑问，冒着生命危险只身来到荒芜的红军苏区，为了探索真相，给世人一个清楚的事实。从1936年的6月到10月，他以旁观者的角度，冷静客观地分析问题，表达自己的见解。这本书并不是只有空乏枯燥的理论，而是穿插着一些带着幽默的故事。他通过这样的方式，给我们生动地描述了红军多姿多彩的生活和残酷的战争。采用采访、叙述、日记等多种形式，为我们描绘了一个乐观、自由、平等、和谐的"红色之邦"。

《红星照耀中国》是一部报告文学，它真实地记录了作者自 1936 年 6 月至 10 月在中国西北革命根据地进行实地采访的所见所闻，向全世界真实报道了中国和中国工农红军以及许多红军领袖、红军将领的情况。

你知道什么是报告文学吗？

报告文学是散文的一种，介于新闻报道和小说之间，兼有新闻和文学的特点。报告文学是运用文学艺术，真实、及时地反映社会生活事件和人物活动的一种文学体裁。它的基本特征是新闻性、文学性、政论性，是用文学手段处理新闻题材的一种文体。报告文学叙写现实生活中确实存在的先进人物，反映多姿多彩的生活，揭露为人们嗤之以鼻的丑恶事物。特点是真实，具有艺术加工性、形象性和抒情性。

同学们，1937 年 10 月，英国伦敦维克多·戈兰茨公司第一次出版该书，书名为《红星照耀中国》，在世界引起巨大轰动。1938 年 2 月，在上海出版中译本时由于当时国共双方已经开始考虑建立联合统一战线等情况，书名改为《西行漫记》，全书共 12 篇。本书的主要内容包括：关于红军长征的介绍，对中国共产党和红军主要领导人的采访，中国共产党的抗日政策，红军的军事策略，作者的整个采访经历和感受等。如果你想更多地了解书中的领袖人物和红军将领，请阅读相关的章节吧。

同学们，你们知道这部报告文学生动地塑造了哪些人物吗？

《红星照耀中国》中的红军领袖和红军将领有：毛泽东、周恩来、朱德、刘志丹、贺龙、彭德怀、徐向前、徐海东等。同学们，让我们一起来探寻他们的革命之路吧。

一、外貌形象与言谈举止

《红星照耀中国》主要描写红军整体，没有太多个人传记。毛泽东和周恩来是作者埃德加·斯诺笔下最具代表性的人物，请你读读以下两个片段，猜一猜下面两个片段分别讲述的是谁？

1.我正在疑虑间，突然一个清瘦的青年长官出现了，带着浓密的黑髯。他走近我，用温和文雅的口气向我招呼："喂，你想找什么人吗？"他是用英文讲的！……因为像其他许多红军领袖一样，他在中国也是一个传奇式的人物。他是瘦个子，中等身材，细小而坚韧的骨骼，又大又深的眼睛富于热情，尽管有长而黑的胡子，外表上仍不脱孩子气。他确实有一种吸引力是羞赧、个性的魅力和领导的坚决彻底奇妙地混合而成的。他英文讲得虽不流利，却相当准确，据他说已有五年不讲英文了，这使我很惊讶。

2.他是一位瘦弱的如同林肯般的人物，身材高出一般的中国人，背有些弯曲，披着一头很长的浓厚的乌发，睁着一双巨大而敏锐的眼睛，还有高鼻梁和突出的颧骨……他有着中国农民质朴的率真的性格，并且富有生动的幽默风趣，爱好质朴的笑。他常泰然地笑着自己和苏维埃的缺点——这种天真的笑是丝毫不会损害他内心的忠诚的。他说话坦率，生活质朴，有些人也许以为他简直是耿直而平凡。然而他却综合着这些异样的性质：乡野的质朴，加上最锐利的智慧和处世的技巧。

同学们，你们猜出他们是谁了吗？第一个片段描写的是周恩来，第二个片段描写的是毛泽东。他们给你留下了怎样的印象呢？

周恩来和毛泽东在外形上有一个共同的特点就是"瘦"，但又有些不同，一个是"清瘦"，一个是"瘦弱"。作者详细地记录了和周恩来、毛泽东交谈时的情景，以及他们给作者留下的第一印象。周恩来、毛泽东都是中国的传奇式领袖人物，他们的言谈举止也是各具魅力，一个是"温和文雅"，一个是"坦率""幽默风趣"。在作者看来，周恩来"确实有一种吸引力是羞赧、个性的魅力和领导的坚决彻底奇妙地混合而成的"，毛泽东"综合着这些异样的性质：乡野的质朴，加上最锐利的智慧和处世的技巧"。作者笔下的周恩来和毛泽东让我们领略到了领袖人物的人格魅力。

作者笔下的其他的红军将领也是各具风采，我们一睹为快吧。例如：

（贺龙）他的身体是魁梧奇伟的，像老虎一样强悍。他虽然已是五十岁以上的人，还是非常健旺的。他从来不会觉得疲乏。据说在长征中，他曾经携带许多伤兵……他虽然生性暴躁，却十分谦逊。

（彭德怀）可是相反地，他却是一个活泼的，喜欢发笑的人，除了胃口很弱以外，他的身体是完全健康的……在他的行动和语言中，有某种坦白、爽快和正直的品质，这些是在中国人的性格中很少见而很为我所喜欢的。在行动和语言上他都是很快的，充满了玩笑，而且他是一个很有趣的人。在体育上他是很活泼的，很好的骑手，他很能吃苦……

（朱德）一个沉着、谦恭、说话温和的人，大眼睛（老是"非常柔和的眼睛"），身材矮胖，但有铁一般的臂膀和腿……他喜欢在军营里散步，跟士兵们坐在一起，说故事，同他们玩耍。乒乓球打得很好，篮球也不错。任何士兵都可以直接向总司令诉说——事实上他们往往这样干……对弟兄们说话非常简朴。他们都听得很明白……他喜欢运动，同时又喜欢读书。

这些红军将领又给你留下了怎样的印象，你感受到他们的魅力了吗？请认真阅读，并作一些梳理吧。

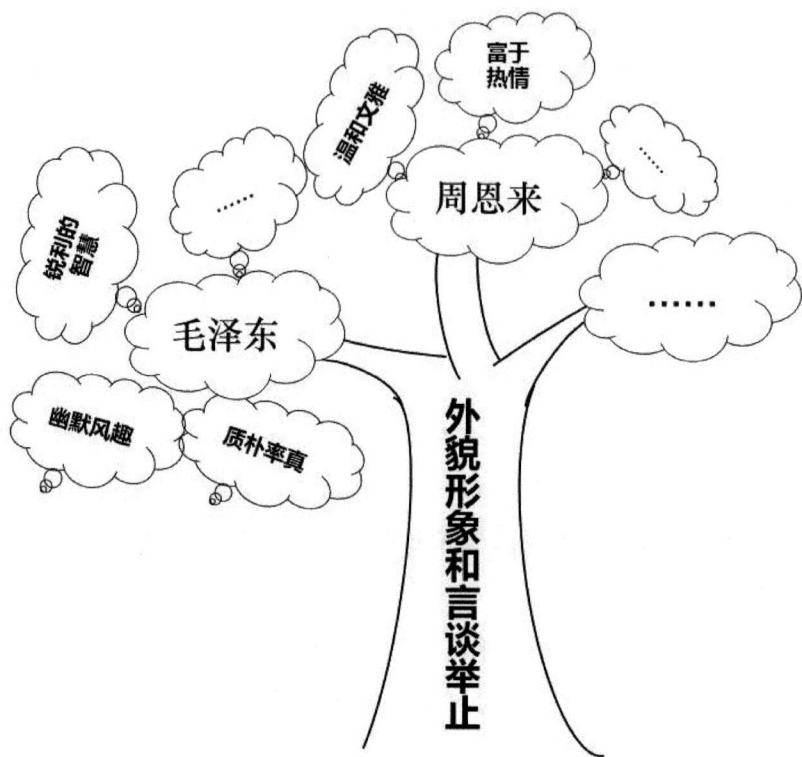

二、家庭出身与童年时代

同学们，你们是不是好奇，书中的领袖人物和红军将领是怎样成长起来的？他们都是出身于革命世家吗？让我们一边阅读，一边了解一下他们的家庭出身情况吧。

（周恩来）他是一个世家子弟，祖父是清代高官，父亲是声望卓著的学者，母亲也非常奇特（她读书很多，实际上还欢喜现代文学）。

（贺龙）他的父亲是哥老会的一个领袖。贺龙承袭了父亲的威势，年轻时声名就盖遍湖南全省。湖南人有许多关于他在年轻时的勇敢故事。

同学们，你们从周恩来、贺龙的家庭出身中发现什么了吗？他们出身的家庭条件比较优越。但是周恩来的家庭氛围与贺龙的家庭氛围又有所不同，这也造就了他们不同的领导气质：周恩来是温和文雅，贺龙则是豪放侠义。另外，毛泽东、彭德怀、朱德等人出身于农民家庭，这使他们身上具有农民的质朴，对劳苦大众也有着更多的同情与理解。

童年的影响有多大？可以说，童年的经历伴随人的一生。童年的生长环境塑造了人的性格，其经历固化了人的思维模式和无意识的惯性。很多人在其后续的社会环境中的所作所为，都能在其童年经历中找到影子。你找到他们童年的影子了吗？我们来读读书中关于毛泽东和彭德怀对自己童年生活的回忆吧。

　　（毛泽东）但当我十三岁的时候，我发现了引用经书来做有力的辩护，用我父亲自己的话，为我自己辩护。我父亲对我最惯用的责备，是不孝和懒惰。为了答复他，我引用经书上的话，说年长的人，必定要温和慈爱。为回答他说我懒惰的谴责，我用老年人应该比后辈多做些事的话来反驳。我说我父亲年纪比我大过三倍以上，所以应该多做工作。而且我宣称：等我到他这样年纪的时候，我会要比他更有力气……这些紧挨着发生的事情，在我的年轻的心灵上，留下永远磨灭不掉的印象。我们心灵早已是反叛的了。

　　（彭德怀）我的祖母把我们大家都看作她的奴隶。她是一个烟瘾很大的鸦片烟鬼。我恨透了鸦片的气味，有一天，我实在再不能够忍受了，我站起身来，一脚踢开了她在火炉上的烟锅。她大大地生气，就召集了一个全族的会议，正式要求把我淹死，因为我是一个不孝顺的孙子。她列举了一长串的关于我的罪状。

从以上语段，我们看到了毛泽东、彭德怀的童年时代，不幸的家庭生活让他们变得勇敢、独立性较强，尤其是他们身上有一种强烈的反叛精神。这与他们后来走上革命道路是息息相关的。

同学们，你们对其他领袖人物和红军将领的家庭出身、童年生活还有何发现？请继续探究吧。

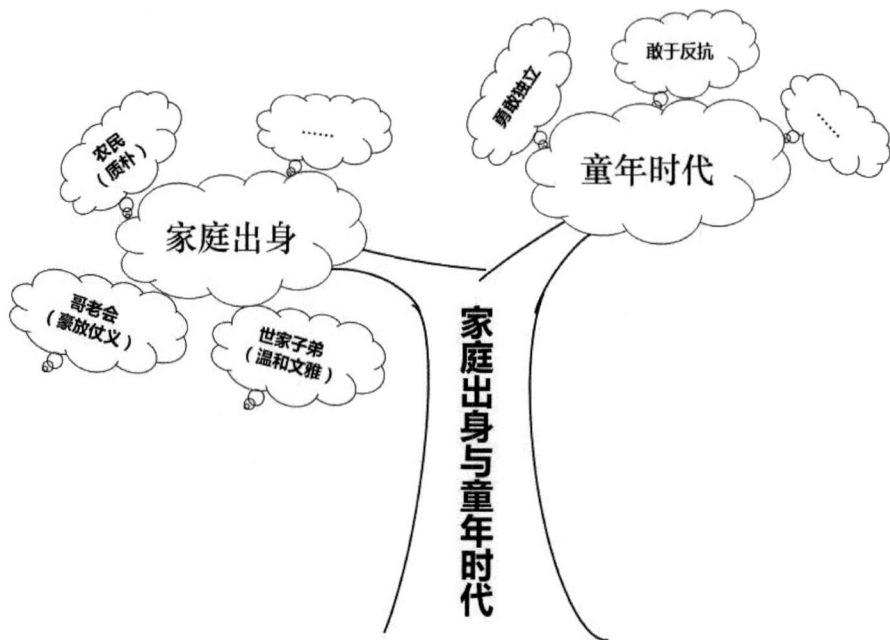

三、受教育情况与革命经历

我们的领袖人物和红军将领的家庭出身各不相同，那他们的受教育情况如何呢？对他们以后走上革命道路有没有影响呢？我们一起来理一理书中描写的伟大领袖毛泽东的受教育情况吧。

童年时期，毛泽东熟读经书，可是不喜欢它们，他爱看的是中国小说，特别是关于造反的故事。在他很小的时候，尽管老师严加防范，他还是读了《精忠传》《水浒传》《隋唐演义》《三国演义》和《西游记》。

十三岁时，毛泽东离开了学堂，读凡是他能找到的一切书籍，除了经书。在读小说和故事的时候，他发现这些小说里从没有农民做主人公的。因为这些小说颂扬的都是统治者，土地归他们所有和控制，而农民替他们种田。后来，他不顾反对，去新式学堂念书，开始学习自然科学和西学的新学科。在此期间，毛泽东读了表兄送给他的讲康有为变法运动的书，另一本是梁启超编的《新民丛报》，在思想上开始支持变法。

之后，毛泽东去了长沙上中学。在长沙，他第一次读到于右任主编的关于民族革命的报纸——《民力报》。受到时局的影响，毛泽东参加了正规军，每月花钱订报纸，第一次从读《湘江日报》中知道"社会主义"这个名词，并读了一些江亢虎关于社会主义及其原理的小册子。半年后，先后投考了制肥皂的学校、法政学校、商业学校、省立第一中学。在省立第一中学念了半年书便离开了学校，之后每天到湖南省立图书馆自修，读了亚当·斯密的《原富》、达尔文的《物种起源》以及卢梭、斯宾塞、孟德斯鸠等人的著作。接着，他考上了湖南省立第一师范，读了五年书，在这里初步形成了自己的政治观念。在学校里，毛泽东读了《民报》，了解到同盟会的活动和纲领。他团结了一批学生在自己的周围，组织了对中国的国事和命运产生广泛影响的新民学会。

由此可知，毛泽东接受的教育除了到正规的学堂学习，还有很多自主的学习，尤其是一些进步书籍对他的影响很大，使他形成了自己的政治观念，对国事和命运有了更多的关注，也促使他逐步走上了革命的道路。热爱学习是很多领袖人物和红军将领身上的特质，对他们走上革命道路有一定的引领作用。例如：

梁启超、康有为和许多影响着毛泽东的作家们的书籍，彭德怀也读过。陈独秀的《新青年》使他对社会主义发生了兴趣，而从这点出发，他开始研究马克思主义。到1926年，彭德怀已经读过了《共产党宣言》和《资本论》的简介、《新社会》（一个著名的中国共产党党员所写的）、考茨基的《阶级斗争》，以及一些关于中国革命唯物论的解释的论文和小册子。彭德怀说："以前我仅是对社会不满，可是没有看到实行任何根本改进的机会。读了《共产党宣言》以后，我放弃了我的悲观，开始怀着一种'社会一定能被改变'的新的确信，而工作着。"

同学们，我们的领袖人物和红军将领有着怎样的革命经历呢？让我们一边阅读一边整理吧。比如我们最为熟知的人物毛泽东，在第三、四两章中，我们可以在阅读时梳理出他的革命经历。例如：

> 毛泽东成为《湘江评论》的主笔，还创办了研究新文化和政治趋势的文化书社。
>
> 毛泽东前往北京，代表新民学会组织反军阀运动。
>
> 毛泽东在上海再次见到了陈独秀，讨论组织"改造湖南联盟"的计划。
>
> 毛泽东回到长沙，一边当教员，一边继续他在新民学会的活动。
>
> 毛泽东领导去捣毁湖南省议会。
>
> 毛泽东到上海参加了中国共产党成立大会。
>
> 毛泽东在湖南组织工会，开展劳工运动。
>
> 毛泽东被派遣到上海去帮助组织反对赵恒惕的运动。
>
> 毛泽东回到湖南推动工会的工作。
>
> 毛泽东到上海，在党中央委员会中工作。
>
> 毛泽东前往广州，参加了国民党第一次全国代表大会。
>
> 毛泽东回到上海，在共产党执行局工作的同时，兼任国民党上海执行部的委员。
>
> 毛泽东回到湖南养病，组织了湖南省农民运动的核心。
>
> ·············
>
> 毛泽东被派到长沙组织了"秋收起义"。
>
> 毛泽东组织军队，在汉阳矿工和农民赤卫队之间奔走的时候被捕。
>
> 毛泽东担任党的前敌委员会书记，带领队伍穿过湖南向南转移，最后上了井冈山。
>
> 毛泽东与来到井冈山的朱德会师。
>
> 中央苏维埃政府组织成功，毛泽东担任主席，朱德当选为红军总司令。

还有我们大家熟悉的周恩来同志。

周恩来作为1919年学生运动领袖，遭到逮捕，在监牢被关了一年。

周恩来去了法国，在巴黎帮助组织中国共产党，成为中国共产党最早的党员之一。

周恩来回到中国，到广东去与孙中山会合。

周恩来奉命去上海准备起义，协助国民军攻占上海。

周恩来组织六十万名工人开展斗争，取得了胜利。

周恩来参加组织了著名的八一南昌起义。

周恩来到汕头去指挥红色工人抵御外国炮舰和地方军阀部队的双重攻击。

周恩来去广州组织了著名的广州公社。

周恩来突破封锁，进入江西和福建的苏区。

周恩来被病魔缠身，并屡次遭遇险境。

周恩来开始二万五千里的长征，到了中国西北部的新的红色根据地。

从以上的革命经历中，我们看到毛泽东、周恩来表现出了非凡的观察力、组织能力和号召力，他们参与了一系列重大的革命斗争，对中国新民主主义革命的胜利作出了巨大的贡献，并起着不可替代的关键作用。

北京大学中文系教授，义务教育统编语文教科书总编辑温儒敏说："记得初读《西行漫记》，大约在50多年前，那时我颇有些惊讶：原来我们崇拜的伟人和英雄，都有着那样可亲的、生活化的一面，他们的理想信念相同，可是性格禀赋各异，言行举止透露各自的人格魅力。伟人和英雄离我们并不遥远，他们的精神气质一直在感染我们。"

同学们，你们还想了解哪些领袖人物和红军将领呢？请你试着做一番梳理和探究吧。

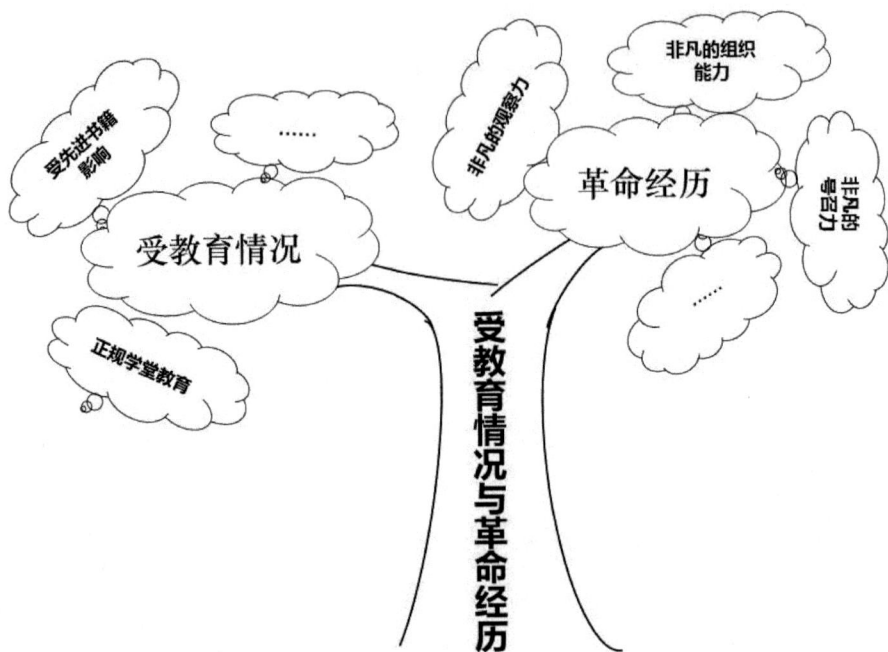

受先进书籍影响

······

正规学堂教育

受教育情况

非凡的观察力

非凡的组织能力

革命经历

非凡的学习力

······

受教育情况与革命经历

导读2：信仰与精神

美国作家哈里森·索尔兹伯在他的著作《长征：前所未闻的故事》中说："为什么衣衫褴褛，屡遭失败的红军，却始终不能被打垮击败？是因为每个红军战士的心里，都有一颗红星，都有一个信仰。中国红军的男女战士用毅力、勇气和实力书写了一部伟大的人间史诗。"红军书写这部史诗靠的是什么？靠的是信仰。看了斯诺的《红星照耀中国》你就会明白，那颗红星，就是红军心中的信仰。

同学们，红军的信仰是什么？请你读读以下语段，说说你对"信仰"的理解。

1.周恩来奉命到上海组织暴动，援助革命军夺取上海。那时他还不过二十八岁，既未受过正式的军事训练，也没有和劳工阶级接触的经验（他是一个大布尔乔亚家庭的子弟，和劳工阶级向来没有接触），既缺乏如何准备暴动的指南，又无随身的顾问（重要的俄国顾问都和蒋介石在一起），他赤手空拳到上海，带来的只是革命的决心和马克思主义的理论。

2. 彭德怀说："以前我仅是对社会不满，可是没有看到实行任何根本改进的机会。读了《共产党宣言》以后，我放弃了我的悲观，开始怀着一种'社会一定能被改变'的新的确信，而工作着。"

3. 我们可以这样说，他确切深信中国受苦的人们——农人和工人——多是好人。他们仁慈勇敢、不自私而诚实。而富人们则专有了一切罪恶。我以为他是为了排除罪恶而斗争，这在他是同样的胚孕简单。这一种信仰的绝对主义，乃能使他对于他自己的猛鸷，和他的军队的优长，凡有陈述，听似无稽，而实非荒唐欺妄。他说："每一个红军可当五个白军。"这说法，在他也是一个不能否认的事实的陈述。

信仰是什么？信仰是革命的决心和马克思主义的理论，是确信社会一定能被改变，是对中国受苦的人们的同情；信仰是红军面对艰难险阻，始终保持革命乐观主义和高昂斗志的强劲支撑；信仰使红军成为时代的钢铁洪流，是红军长征的精神动力和力量源泉。

这是超越成败的正义之光。当国民党将领王耀武审讯红21师师长胡天桃时，他被这种光芒震撼了。时已严冬，而眼前的红军师长仍是一身破烂单衣，除了一个旧干粮袋、一个破瓷碗，再无他物。面对劝降，胡天桃说："我认为没有剥削压迫的社会，才是最好的社会，我愿意为共产主义而牺牲！"一身破衣烂衫，却让穿着笔挺将军服的王耀武黯然失色、自惭形秽。在这种信仰的光芒面前，王耀武承认自己并不是胜利者。

但这仅仅是一个人的信仰吗？当然不是！在《红星照耀中国》这本书里，伟大的革命领袖毛泽东同志曾这样说道：

即使没有一个人加入我们，我们也决定要单独抗战下去的！

又有人说，这种信仰是不是领袖人物独有的？那当然不是！书中写到，一个绰号叫"老表"的红军说："这里，大家为着帮助穷人而奋斗，为着拯救中国而奋斗！"一个绰号叫"铁老虎"的红军，他要为革命而战，为解放穷人的革命而战！这是千千万万个红军战士的信仰，他们组成了万丈光芒，不仅照亮了苦难的中国，也照亮了人类文明的进程。

信仰是红军战士的灵魂。共产主义的理想信念，是一种科学的信念，建立在马克思主义揭示的人类社会发展规律的科学基础之上，永远是照耀人类历史前进的灯塔和不竭的智慧源泉。

在血雨腥风的革命年代，因为有着坚定的共产主义信仰，中国共产党人才能在血与火的战场上舍生忘死、前仆后继，在刑场上视死如归、大义凛然。

同学们，请你们为可爱的红军绘制一棵人物信仰树吧。

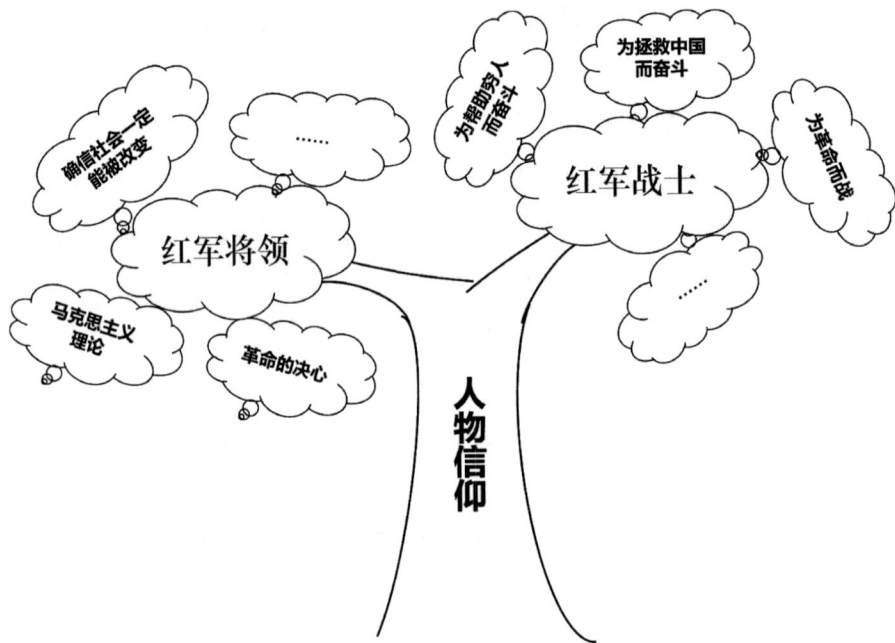

亲爱的同学们，如果我们再仔细地阅读文本，就会发现原来我们崇拜的伟人和英雄，他们的理想信念相同，革命理想高于天。下面就让我们走进周恩来同志的精神世界。

为了共产主义的理想，周恩来毫不犹豫地背弃了大官僚家庭，投身火热的学生运动，即便身陷牢狱也始终怀着坚定的革命决心。他走到工人阶级当中，成功组织了大罢工。他在南方苏区进行了艰苦卓绝的斗争，用步枪、机枪、铁锹对抗国民党的轰炸机、坦克、装甲车。他身患重病，九死一生，却从不承认失败，始终不屈不挠，始终满怀信心，始终冷静谨慎，始终亲切温和，始终愉快乐观！

周恩来，既是中国共产党的主要领导人之一，又是红军的一员。他的身上闪烁着红军特有的精神：信仰坚定、工作认真、生活简朴、关心同志、身先士卒、富有领导能力、不搞特殊化……我们的红军领袖以身作则，那么红军战士又是怎样的呢？我们一起来看看长征中红军战士飞夺泸定桥、爬雪山的片段吧。

1. 一个个地都站上前来，请求拿他们的生命来冒险。在这些自告奋勇的人中，选择了三十个人。在他们的背上捆上了手榴弹和毛瑟枪。很快他们就爬到奔腾的河流上去了，双手握着铁链往前推进。红色的机关枪对着敌人的设防地带开火，子弹像雨一般地洒在桥头。敌人用他们自己的机关枪扫射做出回应，从埋伏的地点对着水浪中颠簸着的慢慢前进的红军扫射。第一个红军战士被击中了，掉到下面的水流中。接着第二个，第三个……

2. 在大渡河北，红军爬了一万六千英尺高的大雪山，从它的空气稀薄的山顶上，向西望去，可看见一片带着雪的山峰——西藏。已经是六月天气了，在平地上是很热的，可是当他们过大雪山的时候，这些服装破烂、皮肤细薄的南方人，不习惯于高空的地带，有许多竟因受不住风霜而死亡了。更难的是攀登无人烟的炮铜岗，在这上面，他们等于建筑了自己的道路，他们斫下长的竹竿，放在弯弯曲曲的没过腰身的泥水上，铺成一条过道。毛泽东告诉我："在这个山峰上，有一个军团的军队，损失了三分之二的运输牲口。好几百的战士倒下来，永远也爬不起来了。"

红军将士们不畏牺牲、勇敢、团结、刚毅、无坚不摧⋯⋯在人迹罕至、艰苦卓绝的环境中，他们始终坚信，自己脚下所走的路，是为天下劳苦大众求解放、求光明的路；自己所从事的事业，是人类历史上最伟大、最光荣的事业。他们正是凭这种革命理想高于天的精神境界、精神支柱、精神动力，创造出了中华民族惊天动地的英雄史诗。

亲爱的同学们，不知道你们发现没有，在红军战士中有一个特殊的群体，就是和大家年龄差不多的"红小鬼"，读了这部作品，你们对这些同龄人有什么认识？

他们顽强、活泼、坚毅、一丝不苟、有责任心、勤劳、聪明⋯⋯我们一起来听听他们对长征的看法吧。

"长征很困苦吧？"我冒昧地问。

"不苦，不苦。跟同志们在一起，什么长征都不苦。我们革命的少年不能想到事情苦不苦，我们只能想到当前的任务。如果它要我们走一万里，我们就走一万里，它要我们走两万里，我们就走两万里！"

"那么你觉得甘肃怎样？它比江西好呢还是比江西坏？南方的生活比较好些吗？"

"江西是好的。甘肃也是好的。凡是有革命的地方都是好地方。我们吃什么，睡在什么地方，都是不重要的。重要的是革命。"

这些"红小鬼"虽然年龄小，却有不输于成年红军战士的乐观、坚强、勇敢，能够经受住各种考验磨难。我们大家应该学习他们身上的美好品质，力争做一名优秀的中学生，因为你们是中国未来的希望。

领导人信仰坚定，红军战士勇敢无畏，他们组合在一起的红军队伍是一支什么样的队伍？我们来温习一下红军士兵的军纪吧。

最早在井冈山时期，红军对于战士们，立定了三条简单的维持纪律规则，那是：（1）行动听指挥；（2）不许没收穷苦农民的任何物品；（3）一切从地主阶级没收而来的东西，应马上直接交给政府，听候处理。一九二八年会议以后，着实付出了很大努力，为了获得农民阶级的拥护，又在上面所说的三条之外，添加了八项。这八项是：

（1）在离开一家人家时，应将一切门板（睡觉用）放在原处。

（2）把你睡时所用的草褥子卷起后交还。

（3）对老百姓要温和客气，并且随时加以帮忙。

（4）一切借用的东西要归还。

（5）一切损坏的东西要赔偿

（6）和农民交易要规矩。

（7）买东西要付钱。

（8）要讲卫生，厕所要在离人家很远的地方。

那么，红军在老百姓心目中是怎样的一支部队？他们喜欢红军战士吗？我们来听听作者和一位小红军战士的对话吧。

"当时农民喜欢红军吗？"

"喜欢红军？你问？他们当然喜欢红军，红军给他们田地，赶走地主、收税官和放债人。"（这些"小鬼"都懂得马克思主义者的词汇！）

"但你怎么知道他们喜欢红军呢？"

"他们用自己的手替我们做千双、万双鞋子。妇女们给我们缝军衣，男子们侦察敌军。每个人家都送子弟入红军。老百姓就是这样对待我们的！"

他们的对话让我们感受到了军民浓浓的鱼水情。是的，这是一支勇敢无畏、团结、纪律严明、人民拥护、深得民心的队伍。所以，这样一支勇敢坚强，又有着人民支持的队伍才能够创造军事史上的伟大奇迹——二万五千里长征。

同学们，现在你们知道红星为什么能够照耀全中国了吗？

因为有信仰坚定的中国共产党领袖的英明指引，因为有勇敢坚强的红军战士，因为有万众一心的人民群众，因为他们有一个共同的理想，所以中国共产党领导的革命一定能取得胜利，红星必然能够照耀中国！

斯诺曾说："我和红军相处的四个月，是一段极为令人振奋的经历。我在那里遇到的人们似乎是我所知道的最自由最幸福的中国人。在那些献身于他们认为完全正义的事业的人们身上，我强烈地感受到了充满活力的希望、热情和人类不可战胜的力量……"亲爱的同学们，让我们一起来绘制"人物精神品质树"吧。

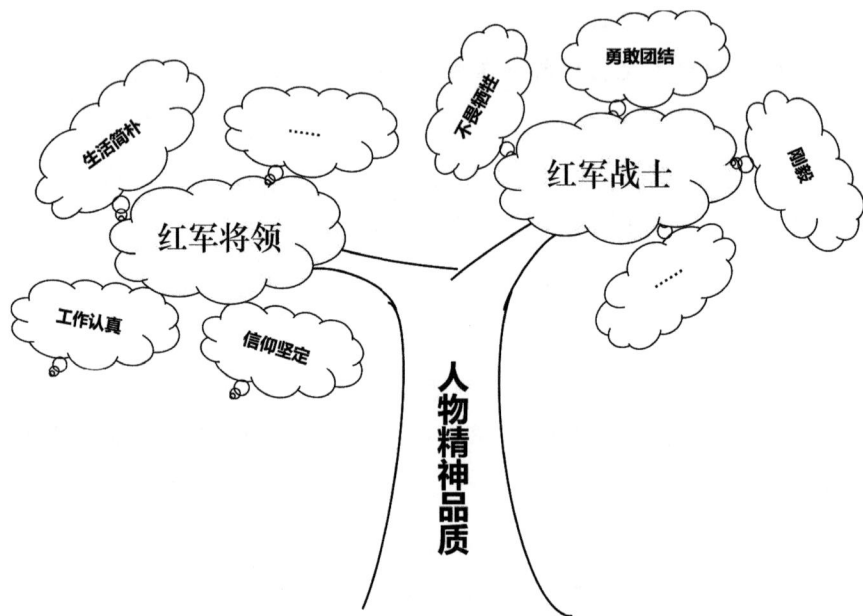

《昆虫记》：科普作品的阅读

导读1：多彩的昆虫世界

同学们，夏天带给我们的声音是什么？现在就请你们闭上眼睛倾听一下夏天的声音吧，雨滴掉落的声音、风吹树响的声音、鸟儿啁啾的声音……可别忘了，夏天是缺少不了虫鸣声的。每天我们都和昆虫比邻而居，但我们对它们知之甚少，昆虫的世界远比我们想象得要精彩许多，今天让我们一起来阅读名著《昆虫记》。

同学们，《昆虫记》是一部科普作品，以向大众普及科学知识为主要目的，原著共十卷。同学们，你们对《昆虫记》这部著作还有哪些了解呢？你能为我们做一些简要的介绍吗？下面，就让我们一起梳理一下《昆虫记》的概况吧。

《昆虫记》，又译《昆虫物语》《昆虫学札记》《昆虫世界》，是法国杰出昆虫学家法布尔的代表作。它不仅是一部文学巨著，也是一部科学百科，被誉为"昆虫的史诗"。

法布尔既是法国昆虫学家又是文学家，也由此被誉为"昆虫界的荷马"。法布尔从小就对昆虫很痴迷，尽管一次又一次地遭到父母的责骂，但这丝毫未能阻止法布尔对昆虫的迷恋。正是这种对昆虫的迷恋，把法布尔引进了科学的殿堂。

法布尔写《昆虫记》，除了真实记录昆虫的生活，还透过昆虫世界折射出社会人生。昆虫的本能、习性、劳动、婚恋、繁衍和死亡，无不渗透着作者对人类的思考，睿智的哲思跃然纸上。

对蜘蛛、螳螂、甲虫、蚂蚁、苍蝇、蜜蜂等各种类型的昆虫的描写，无不充满了作者对生命的关爱之情、对万物的赞美之情。许多人看过《昆虫记》后，都留下了深刻的印象。本书的行文生动活泼，语调轻松诙谐，充满了盎然的情趣，被誉为"科学与文学的完美结合"。

有人这样评价这本书：《昆虫记》是一部严谨的科学著作，但面孔却十分和善，不故作深刻，深入浅出，没有干巴巴的学究气，没有学术著作的晦涩枯燥与一本正经，没有言之无物的公式，而是准确地描述观察到的事实，一点不多，一点不少。

一个人，一辈子只研究"虫子"，不能不说是个奇迹！一个人，十卷书都写"虫子"，更是奇迹中的奇迹！很多读者在看这本书的时候不禁对作者肃然起敬。

接下来，我们读一读书中的"虫子"，一起来见证奇迹的发生。如果说一本书可以绘成一棵大树，那么《昆虫记》中的每一种昆虫都可以绘成一棵思维树，百树成林，熠熠生辉。

一、蝉

蝉，又名知了，是我们很多人儿时的玩伴。在我国古诗词中，有不少作品提到了蝉，如：

> 垂緌饮清露，流响出疏桐。
> 居高声自远，非是藉秋风。

—— ［唐］虞世南《蝉》

> 蝉噪林逾静，鸟鸣山更幽。

—— ［南北朝］王籍《入若耶溪》

明月别枝惊鹊,清风半夜鸣蝉。

——[南宋]辛弃疾《西江月·夜行黄沙道中》

寒蝉凄切,对长亭晚,骤雨初歇。

——[北宋]柳永《雨霖铃》

这些诗词借"蝉"这一意象,或蕴理,或含情,或渲染气氛,无不充满着主观色彩。

那么法布尔介绍了关于蝉的哪些内容呢?在有的《昆虫记》版本上,只节选了《蝉和蚂蚁的寓言》以及《蝉出地洞》这些方面的内容,我们还可结合统编版初中语文教材八年级上册的文章《蝉》来全面了解这一昆虫的一生。先来看蝉产卵:

> 普通的蝉喜欢在干的细枝上产卵。它选择最小的枝,像枯草或铅笔那样粗细,而且往往是向上翘起,差不多已经枯死的小枝。
>
> 它找到适当的细树枝,就用胸部的尖利工具刺成一排小孔。这些小孔的形成,好像用针斜刺下去,把纤维撕裂,并微微挑起。如果它不受干扰,一根枯枝上常常刺出三四十个孔。卵就产在这些孔里。小孔成为狭窄的小径,一个个斜下去。一个小孔内约生十个卵,所以生卵总数约为三四百个。

这里介绍了蝉产卵的地点、方式和数量。蝉一般选择在枯死的干细小枝上刺孔,在长达六至七个小时内,一次产卵总数在三四百个。

> 可怜做母亲的对此一无所知。它的大而锐利的眼睛并不是看不见这些可怕的敌人不怀好意地待在旁边。然而它仍然无动于衷,让自己牺牲。它要轧碎这些坏种子非常容易,不过它竟不能改变它的本能来拯救它的家族。

蝉产的卵还会遇到蚋等天敌的侵犯,它们只能顺着本能生存,不能拯救自己的孩子。作者用语严密,同时又对这小小的生命满怀悲悯。

幼虫又是怎样的呢?

鱼形幼虫一到孔外,皮即刻脱去。但脱下的皮自动形成一种线,幼虫靠它能够附着在树枝上。幼虫落地之前,就在这里行日光浴,踢踢腿,试试筋力,有时却又懒洋洋地在绳端摇摆着。

它的触须现在自由了,左右挥动;腿可以伸缩;前面的爪能够张合自如。身体悬挂着,只要有一点儿微风就动摇不定。它在这里为将来的出世做准备。我看到的昆虫再没有比这个更奇妙的了。

不久,它落到地上。这个像跳蚤一般大小的小动物在线上摇荡,以防在硬地上摔伤。身体在空气中渐渐变坚强了。它开始投入严肃的实际生活中了。

…………

最后,它找到适当的地点,用前足的钩扒掘地面。我从放大镜中见它挥动"锄头",将泥土掘出抛在地面。几分钟以后,一个土穴就挖成了。这小生物钻下去,隐藏了自己,此后就不再出现了。

这里介绍了蝉经历了孵化—落地—挖地穴的整个过程,蝉卵孵化后会顺着树干或直接掉落而到达地上,寻找到松软的、适合自己的土地,然后开始挖地穴,并在其中经历四年的光阴,蝉在地穴中主要从植物的根须上获取营养。

未长成的蝉的地下生活,至今还是个秘密,不过在它来到地面以前,地下生活所经过的时间我们是知道的,大概是四年。以后,在阳光中的歌唱只有五星期。

四年黑暗中的苦工,一个月阳光下的享乐,这就是蝉的生活。

作者用生动活泼的笔调写出了幼虫成长的过程，此中无不洋溢着喜悦之情，而"四年"的蛰伏换来"五星期"的歌唱，这是何等悬殊的对比，忽然让我们理解了夏天蝉为何这么喧闹。

在那里，从日出到日落，它们不断用嘶哑的交响乐侵扰我。在这震耳欲聋的乐声中，我根本不可能思考。我的思想回旋飞舞，晕头转向，无法集中。

⋯⋯⋯⋯⋯

在饭后昏睡的时候，有一只蝉叫还可以接受。可当一个人在聚精会神地思考问题时，上百只蝉同时叫响，震得耳膜发胀，那真是一种折磨。

成虫又是如何？

蝉的蛴蟠，初次出现在地面上时，常常在附近徘徊，寻找适当的地点脱掉身上的皮——一棵小矮树，一丛百里香，一片野草叶，或者一枝灌木枝——找到后，它就爬上去，用前足的爪紧紧地握住，丝毫不动。

于是它外层的皮开始由背上裂开，里面露出淡绿色的蝉。当时头先出来，接着是吸管和前腿，最后是后腿与翅膀。此时，除掉身体的最后尖端，身体已完全蜕出了。

在这个过程中，我们似乎看到了一位专心致志的观察者，在窥探蝉脱壳的整个过程，这样的耐心令人佩服。

再来看鸣叫（婚恋）：

蝉是非常喜欢唱歌的。它翼后的空腔里带有一种像钹一样的乐器。它还不满足，还要在胸部安置一种响板，以增加声音的强度。的确，这种蝉为了满足音乐的嗜好，牺牲了很多。因为有这种巨大的响板，使得生命器官都无处安置，只得把它们压紧到身体最小的角落里。当然了，要热心委身于音乐，那么只有缩小内部的器官，来安置乐器了。

在昆虫界，很多昆虫都是通过鸣叫来吸引配偶的，如蟋蟀、马蛉等。作者在这里对蝉鸣的原理进行了详细的解说，让我们对震耳欲聋的蝉鸣声有了科学的认识，也让我们不禁感叹其鸣肌是如此发达。

最后，我们来看看蝉的生命最后一刻的情形：

> 五六个星期过去了，在度过了这一大段快乐的时光之后，歌手耗尽了生命，从树梢上落了下来。它的尸体被阳光晒干，被路人践踏，最后被总在四处掠夺的强盗蚂蚁碰上了。它们将这丰盛的食物撕开、肢解、剪断、弄碎，以充实它们的食物储备。经常能看到垂死的蝉，翅膀还在尘土中抖动，可它们同样遭到这群分尸者的拉扯、肢解。这时的蝉真是悲惨无比。

作者描述了蝉耗尽生命后悲惨无比的场景，与蝉生前的"轰轰烈烈"的快乐场景形成了鲜明对比，让我们感受到了蝉的一生是何等的短暂而又壮烈。

那么，蝉的地穴是怎样的？蝉是怎样出地洞的？如果你想更多地了解蝉的生活习性，请继续读读有关蝉的内容吧。你还可以把对蝉的了解绘成一棵"蝉之树"，然后结合这棵思维树尝试着向你身边的人科普一下有关蝉的知识。

二、萤火虫

"小小萤火虫，小小萤火虫。背起一个小灯笼，飞西又飞东。一飞飞到花园里，做了一个梦。变成小星星，高高挂天空。"在童谣中，我们了解到萤火虫的外形，然而对于萤火虫其他方面的情况就知之甚少了。同学们，让我们一起到法布尔的《昆虫记》中去探寻萤火虫吧！

同学们，你们知道萤火虫名字的由来吗？

古代希腊人把它称之为"朗皮里斯"，意为"屁股上挂灯笼者"；法语中则称它为"发光的蠕虫"。

如果让你为大家讲解萤火虫相关的知识，你打算从哪些方面来介绍它呢？同学们，我们可以一边读文章，一边借助树状思维导图来整理一下与萤火虫相关的内容。例如：

形态：

它有六只短小的脚，而且十分明白如何使用自己的脚。它是可以用小碎步奔跑的昆虫。雄性萤火虫发育完全后，如同真正的甲虫一样，长着鞘翅。……而且它还有斑斓的色彩，身体呈棕色，胸部呈粉红色，环形服饰的边缘还点缀着两个红红的小斑点。

作者对萤火虫形态的描述证实了萤火虫不能算作"蠕虫"，他认为法语俗称"发光的蠕虫"这个名称是不科学的。

饮食：

萤火虫是一种食肉动物，主要猎物是蜗牛。捕食前，萤火虫用它上颚的獠牙向猎物注射一种极小剂量的特殊病毒使猎物麻醉，然后将猎物液化进行吸食。

作者讲述了自己在一个广口玻璃大瓶中放入一些草、几只萤火虫和一些供它们猎食的蜗牛，然后细致地观察萤火虫捕食蜗牛的过程，为我们描绘了一个打猎时手段毒辣得罕见的猎手。

婚恋：

每天晚上，当夜幕降临的时候，钟形罩下的囚犯们都会爬上我用来装饰牢笼的那丛百里香，来到高处枝条的顶梢最显眼的地方。在那里，它们不像刚才在灌木丛下时那么安静，而是开始做一种激烈的体操，它们扭动灵活的尾部，以断断续续的动作，朝各个方向旋转，一会儿朝这边，一会儿又朝那边。这样，所有寻找配偶的雄萤火虫经过附近时，无论它是在地面还是在空中，总能看到那时不时闪现着召唤它们的尾灯。

…………

萤火虫交尾时，灯光会昏暗许多，几乎就要熄灭，只剩下尾部最后一节的小灯还亮着。当大群迟迟没有找到心上人的夜游虫们在附近低声吟诵一番祝婚歌词时，一盏不引人注目的小长明灯就足以照亮新婚之夜了。

以上是作者观察到的雌萤火虫吸引伙伴的绝招——闪现尾灯，以及它们交尾时灯光的变化，展现了萤火虫世界独特的婚恋现象。

发光原理：

> 它的发光器是在腹部的最后三节处。其中的前两节的发光器呈宽带状，另外一个组群是最后一个体节的两个斑点。具有那两条宽带的只有发育成熟了的雌性萤火虫；未来的母亲用最绚丽的装束来打扮自己，这光亮灿灿的宽带锃亮，以庆贺自己的婚礼，而在这之前，自刚孵化的时候起，它只有尾部的那个发光斑点，这种绚丽的彩灯显示着雌性萤火虫那惯常的身体变态。

作者对萤火虫进行解剖，以分析它们的发光器的结构，用各种办法去实验、探究萤火虫的发光原理。在文章的结尾，他对不知萤火虫"其余的照明技术到底又有什么作用"而感到遗憾，也对动物身体无穷无尽的奥妙发出了感叹，启发人们去探索"昆虫世界"。

鲁迅说《昆虫记》是"讲昆虫故事""讲昆虫生活"的楷模，读起来很有趣，也很有益。除了以上两种昆虫外，书中还向我们介绍了许多其

他的昆虫，例如圣甲虫、象态橡栗象、豌豆象、绿蝈蝈、大孔雀蝶、金步甲……同学们，你们不妨也去认真读读这部有趣且有益的书，用树状思维导图为《昆虫记》绘制一棵茂盛的思维树吧！

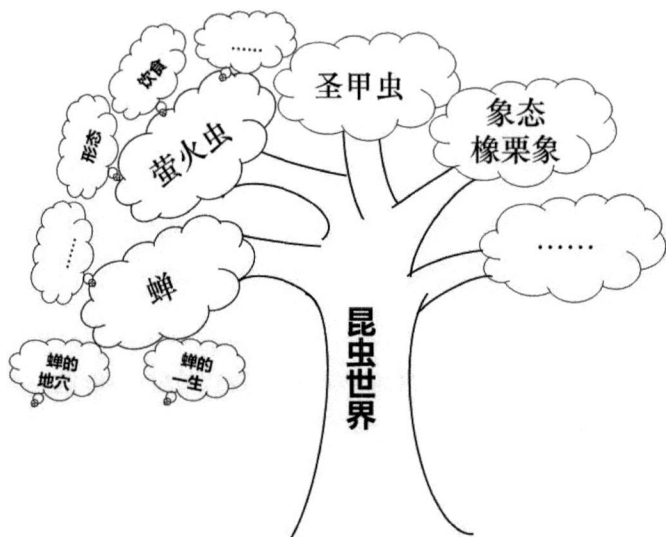

圣甲虫

萤火虫

饮食

形态

象态
橡栗象

......

蝉

蝉的
地穴

蝉的
一生

昆虫世界

导读2：法布尔的科学探究精神

法国著名戏剧家罗丹曾这样评价法布尔："这个大科学家像哲学家一般地思，像美术家一般地看，像文学家一般地写。"可是我们也许不知道，这位科学家是农民的儿子，是平民教师，是自学成才的学者。

法布尔于1823年12月在法国南部圣雷翁村出生，幼时他就对大自然有一种天然的迷恋，尤其喜欢自然界中的各种昆虫。15岁这一年，法布尔荣获师范学校奖学金，成为一名师范生。毕业后法布尔开始了长达20年的教师生涯。

1853年，30岁的法布尔凭自学取得了自然科学学士学位；次年，凭借两篇优秀论文，荣获自然科学博士学位。1875年，法布尔举家迁到乡间小镇，他经过多年努力将自己收集的资料加工、整理，完成了《昆虫记》的

第一卷，这本书在1879年首次出版发行。

贫穷伴随着法布尔的一生。可是他化教书匠之贫穷，为昆虫学之富有。他前半生一贫如洗，后半生勉强温饱。很少有像法布尔这么贫困的自然科学家，尽管如此，他还要挤出一枚枚小钱，购置坛、罐、箱、笼，一寸空间一寸空间地扩增设备，日复一日年复一年地积累研究资料。苦难是一笔财富，家境的贫困培养了法布尔克服困难的勇气。

一、身在荒园

在法布尔那个时代，研究动物是蹲在实验室里做解剖与分类的工作，昆虫学家极少研究活生生的昆虫。法布尔的研究遭到了正统力量的责难，但他坚持以自己的方式研究昆虫，他曾这样辩驳：

> 你们对昆虫是开肠破肚，而我却是让它们活蹦乱跳地生活着，对它们进行观察研究；你们把它们变成又可怕又可怜的东西，而我则是让人们更加喜爱它们；你们是在酷刑室和碎尸间里干活，而我却是在蔚蓝色的天空下，边听着蝉儿欢快地鸣唱边仔细地观察着；你们是使用试剂测试蜂房和原生质，而我则是在它们各种本能得以充分表现时探究它们的本能；你们探索的是死，而我探究的则是生。

请你读读法布尔在《荒石园》中的这段话，说说你从他身上还看到了哪些科学精神？

> 我缺少时间，又是单枪匹马，孤立无援，无人理睬，何况，我在高谈阔论、纵横捭阖之前，必须先考虑生计的问题。我请你们就这么如实地告诉他们吧，他们是会原谅我的。
>
> 还有一些人在指责我，说我用词欠妥，不够严谨，说穿了，就是缺少书卷气，没有学究味儿。他们担心，一部作品让读者谈起来容

易，不费脑子，那么，该作品就没能表达出真理来。照他们的说法，只有写得晦涩难懂，让人摸不着头脑，那作品就是思想深刻的了。你们这些身上或长着螯针或披着鞘翅的朋友们，你们全都过来吧，来替我辩白，替我作证。请你们站出来说一说，我与你们的关系是多么地亲密，我是多么地耐心细致地观察你们，多么认真严肃地记录下你们的活动。我相信，你们会异口同声地说："是的，他写的东西没有丝毫的言之无物的空洞乏味的套话，没有丝毫不懂装懂、不求甚解的胡诌瞎扯，有的却是准确无误地记录下来的观察到的真情实况，既未胡乱添加，也未挂一漏万。"

他虽然身处"单枪匹马""孤立无援""无人理睬"的困境，还要考虑"生计"，但他依然不迷信和盲从权威，敢于挑战，创新方法，专注于科研，坚持"耐心细致地观察""认真严肃地记录"。这就是法布尔的科学精神。

法布尔的科学精神又来源于什么呢？请你到"荒石园"中去寻找答案吧。

那儿是我所情有独钟的地方，是一块不算太大的地方，是我的Roc erat in vofis（拉丁文，意为钟情宝地）……是的，"钟情宝地"，那就是我的夙愿，我的梦想，那就是我一直苦苦追求但每每总难以实现的一个梦想。

…………

我称它为美丽迷人的伊甸园，看来我这么说还是恰如其分的……它们当中，有专以捕食活物为生的"捕猎者"，有以湿土"造房筑窝者"，有梳理绒絮的"整理工"，有在花叶和花蕾中修剪材料备用的"备料工"，有以碎纸片建造纸板屋的"建筑师"，有搅拌泥土的"泥瓦工"，有为木头钻眼的"木工"，有在地下挖掘坑道的"矿工"，有加工羊肠薄膜的"技工"……还有不少干什么什么的，我也记不清了。

············

这些昆虫，有些是我的新朋友，有些则是我的旧友，它们全都在我这里，挤在这方小天地之中，忙着捕食、采蜜、筑窝搭巢。

荒石园是一块荒芜之地，但在法布尔的眼里是"美丽迷人的伊甸园"。因为这里聚集着各种各样的昆虫，他可以和昆虫们在这里朝夕相处、亲密无间，称它们为"朋友"。正像他所说的"我放眼四周，只见一片废墟，唯有一堵断墙残垣危立其间。这个断墙残垣因为石灰沙泥浇灌凝固，所以仍然兀立在废墟的中央。它就是我对科学真理的执着追求与热爱的真实写照"。他热爱着昆虫，热爱着对昆虫的科学研究工作。

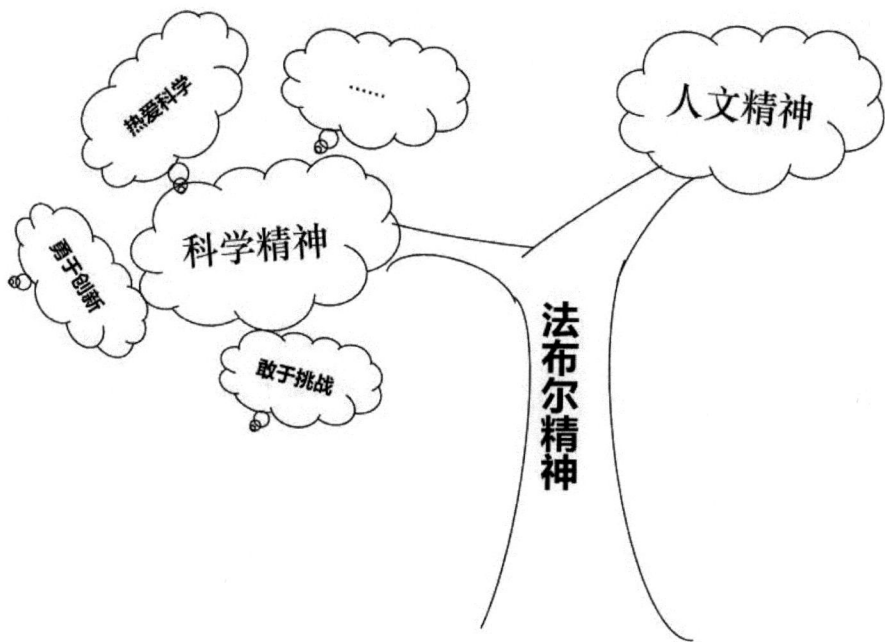

二、身在虫中

除此以外，法布尔还有哪些科学精神值得我们学习呢？他到底有哪些超能力，写下这皇皇巨著为昆虫发声？我们继续阅读《昆虫记》，一起走进法布尔的昆虫世界。

同学们，读一读下面《松树金龟子》中的选段，并说说你们的发现。

1.雄虫的一对折扇有什么用处呢？

2.这样的情景一直要持续半个月。它们在忙什么呢？

3.我特别感兴趣的是，松树金龟子有音乐天赋，连雌虫也一样能唱歌。雄虫是不是靠唱歌来召唤、引诱异性呢？是不是雌虫也用歌声来呼应雄虫的歌声呢？

4.那么声音是怎样发出来的？

5.是为了求偶而歌唱？这有可能。然而，尽管我特别注意，在深夜里，也从未听到过金龟子的歌声。就是近在咫尺的铁丝网里，我也听不到它们的歌声。

6.昆虫默不作声是否表示它很愉快？它高声大叫是不是为了吓退敌人？如果金龟子和知了面对危险大喊大叫，那为什么纺织娘面对危险却要停止叫喊？

7.总而言之，昆虫究竟为什么要叫这个问题，还没有搞清楚。昆虫怎样收听外界的声音，更是个谜。昆虫听到的声音是否跟我们所听到的一样？昆虫是否对我们叫做音乐的声音也感到悦耳动听？尽管我无法通过试验来找到所有的答案，但我还是做了一些。

"什么""是不是""怎样""为什么"之类的疑问一直伴随着法布尔的每一次观察和实验。他对昆虫界充满了好奇，也有着极大的兴趣，这种强烈的好奇心和兴趣支撑了法布尔一生的钻研。

有了好奇和兴趣还远远不够，对昆虫的研究还应该怎么做呢？我们再读读《昆虫记》中关于螳螂捕食、蟋蟀鸣叫、圣甲虫运粪球的描写：

1.（螳螂）鞘翅随即张开，斜拖在两侧；双翼整个儿展开来，似两张平行的船帆立着，宛如脊背上竖起阔大的鸡冠；腹端蜷成曲棍状，先翘起来，然后放下，再突然一抖，放松下来，随即发出"噗噗"的声响，宛如火鸡展屏时发出的声音一般，也像是突然受惊的游蛇吐芯儿时的声响。

2. 当蟋蟀放声歌唱时，左右鞘翅高高地竖起，宛如一张薄纱船帆，只是内边缘相互接触。这时候的左右两把琴弓是彼此斜着咬合着的，它们相互摩擦便使得绷得紧紧的薄膜产生强烈的震颤。根据每把琴弓是在另一个鞘翅的胼胝（其本身也是粗糙的）上还是在四条光滑的辐射翅脉中的一条上摩擦，蟋蟀发出的声音则有所不同。

3. 圣甲虫迫不及待地上路了；它用两条长后腿搂住粪球，而后腿尖端利爪则插入球体中去，当作旋转轴；它以中间的两条腿作为支撑，而以前腿带护臂甲的齿足作为杠杆，双足轮流着地按压、弓身、低头、翘臀，倒退着运送粪球。后腿是这部机器的主要部件，它们在不停地运作；它们一来一回，变换着足爪，以调整轴心，让负载物保持平衡，并在其一左一右地交替推动之下，把粪球往前滚动。

读了以上语段，我们不禁要感慨：法布尔对昆虫的描写，真是细致入微，令人赞叹。法布尔说："在对某个事物说'是'以前我要观察、触摸，而且不是一次，是两三次，甚至没完没了，直到没有任何怀疑为止。"所谓实践出真知，而这细致的描写来源于他细致入微的观察。试问一下，我们谁会如此细致地观察螳螂捕食、蟋蟀鸣叫、圣甲虫运粪球的情形呢？但法布尔在《昆虫记》中对上千种昆虫进行了细致入微的观察，这正是因为他身上具有一种实事求是的科学精神。正如他自己在观察沙泥蜂时的诉说：

那头一次的观察，十分地浮皮潦草，很不仔细，因为上次我有事在身，长途奔波，人很疲惫，很可能有很多的细节被我忽略掉了。而且，就算我真的全都看得一清二楚，我也很有必要再仔细地观察一番，使自己的观察结果更加臻于完善，真实可靠，无可置疑。我还要补充一句，即使我看过这种场面上百次，我想再看一看，读者们也不会觉得我多此一举，令人生厌的。

同学们，偶尔的观察不难，难在日复一日地坚持。科学探究需要消耗工作者的时间、精力。当法布尔终于有了一个属于自己的实验室的时候，他已是近花甲之年的老人了，连他自己都禁不住感叹：

愿望是实现了，只是迟了一点儿啊，我的美丽的昆虫！我很害怕有了桃子的时候，我的牙齿却啃不动了。

法布尔为了研究昆虫，选择了隐居生活，继续观察着昆虫，做着科学实验，并整理自己一生的观察所得，为我们贡献了十卷本的《昆虫记》。

法布尔终其一生只做一件事，那就是研究昆虫！多年颠沛流离的生活，也没有改变他研究昆虫的志向和愿望。法布尔生前曾勉励一切从事科学研究工作的人"要坚韧不拔地干才能战胜困难"，他认为从事科学研究的人"决不能自暴自弃"。这种锲而不舍的精神不但是科研人员所需要的，更是每一个希望创造价值的人所需要的，法布尔给我们作出了很好的示范。

同学们，阅读了《昆虫记》后，你们还发现法布尔身上具有哪些科学精神呢？请继续补充。

周作人曾评价法布尔："他以人性观照虫性，并以虫性反观社会人生。"法布尔写《昆虫记》并不局限于仅仅真实地记录下昆虫的生活，而是以人性观照虫性，昆虫的本能、习性、劳动、婚恋、繁衍和死亡无不渗透着人文关怀，并以虫性反观社会人生，睿智的哲思跃然纸上。正是这种对于生命的尊重与热爱之情，给这部科学著作注入了灵魂。下面，我们来做一番探究吧。

与人相比，昆虫显得微不足道，它们往往被忽视、被损害。我们来看看法布尔笔下的昆虫：

（蚋以蝉卵为食）可怜做母亲的对此一无所知。

螳螂将两只大弯钩猛压下来，爪子一抓，双锯合拢、夹紧。不幸的蝗虫已无还手之力……

这样的"可怜"饱含作者对昆虫的悲悯之情，这是出于对"万物与我为一"的理解与尊重。

我们再来读读选自《蝉》中的这段文字，法布尔正用虫的方式来理解生命。

四年黑暗中的苦工，一个月阳光下的享乐，这就是蝉的生活。我们不应当讨厌它那喧嚣的歌声，因为它掘土四年，现在才能够穿起漂亮的衣服，长起可与飞鸟匹敌的翅膀，沐浴在温暖的阳光中。什么样的钹声能响亮到足以歌颂它那得来不易的刹那欢愉呢？

之所以不以人的利益观去衡量昆虫的行为，替蝉辩解生命中"嘈杂"的意义，源自作者内心对蝉的理解、尊重。

西班牙蜣螂妈妈的勤奋与耐心细致让法布尔赞不绝口，尤其是它们无私的母爱更是让他饱含赞美和敬佩之情。

卵产下后，蜣螂妈妈便待在自己那小窝里，里面差不多满满当当地挤放着三四只摇篮，一个一个紧挨在一起，尖的一头冲上。它现在要干什么呢？想必是要出去转转，这么久没有进食，得恢复一下体力了吧？谁要是这么想那就大错特错了。它仍旧待在窝里，自从它下到洞中，它什么都没有吃过，绝对没有去碰那个大面包；大面包已经分成几等份，将是它的子女们的食粮。在疼爱子女方面，西班牙蜣螂克制自己的精神确实非常感人，宁可自己挨饿也绝不让子女缺少吃喝。

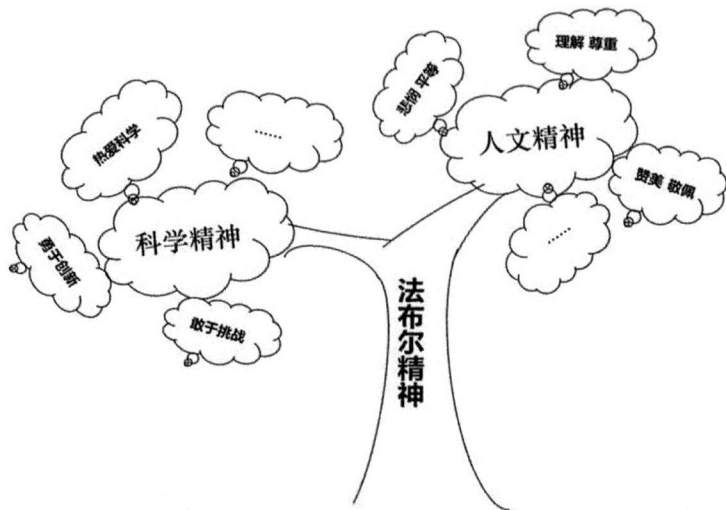

同学们，你们对法布尔的人文精神还有哪些认识呢？请继续做些补充吧。

法布尔曾经提出一个问题：只为活命，吃苦是否值得？为何吃苦的问题，他已经用自己的行为做出了回答，迎着偏见，伴着贫穷，不怕牺牲，不怕被冒犯和被忘却，孜孜以求洞悉虫子的世界，这就是法布尔的科学精神和人文精神。

《钢铁是怎样炼成的》：摘抄和做笔记

导读1：保尔·柯察金的成长史

今天向大家推荐世界名著《钢铁是怎样炼成的》。一提到这个书名，很多人脑海里就会浮现出那段著名的话：

> 人最宝贵的是生命。生命每个人只有一次。人的一生应当这样度过：当回忆往事的时候，他不会因为虚度年华而悔恨，也不会因为碌碌无为而羞愧；在临死的时候，他能够说："我的整个生命和全部精力，都已经献给了世界上最壮丽的事业——为人类的解放而斗争。"

我们的父辈，甚至祖辈，他们中有不少人就是靠着这段话度过一段段艰苦岁月。

作者奥斯特洛夫斯基出生于乌克兰一个贫困家庭，父亲早逝，母亲做苦工。他11岁开始当童工；15岁加入乌克兰共产主义青年团；1919年参加红军，奔赴前线；1920年因重伤退伍；1924年加入乌克兰共产党；1927年瘫痪，于病榻上写作；1935年获"列宁勋章"；1936年逝世，年仅32岁。

他所塑造的保尔就是以他自己为原型的，以保尔在革命斗争中的成长历程为线索，展现了从 1915 年到 1930 年前后苏俄广阔的历史画面和人民艰苦斗争的历程，热情歌颂了为祖国而战的苏联青年一代。这是一本自传体长篇小说，是作者在亲身经历的真人真事的基础上，运用一系列语言艺术和表达技巧加工而成的。

我们可以根据时代背景把本书内容分为两大部分，利用树状思维导图来简要地梳理一下本书的内容。

保卫苏维埃（入党） 革命的烈火（成熟） 第一次休假（病重）

革命的意义（疗养） 病魔缠身（失明）

经济恢复和社会主义建设

工地上的磨炼（筑路） 钢铁意志（抗争）

制止暴乱（剿匪） 新的战斗（重生）

时代背景

从以上树状思维导图可知，小说的情节线索是：少年保尔的生活与反抗—战士保尔在战场上奋勇杀敌—建设者保尔的忘我工作—钢铁战士保尔与疾病顽强斗争。

一、成长经历

同学们，你们能用简要的语言介绍一下小说的主人公保尔·柯察金的成长经历吗？

保尔·柯察金，出生于贫困的铁路工人家庭，早年丧父，全凭母亲替人洗衣做饭维持生计。12岁时，母亲把他送到车站食堂当杂役，在那儿他受尽了欺凌。他憎恨那些欺压穷人的店老板，厌恶那些花天酒地的有钱人。

十月革命爆发后，帝国主义和反动派妄图扼杀新生的苏维埃政权。保尔的家乡乌克兰谢别托夫卡镇也经历了外国武装干涉和内战的岁月。红军解放了谢别托夫卡镇，但很快就撤走了，只留下老布尔什维克朱赫来在镇上做地下工作。他在保尔家住了几天，给保尔讲了关于革命、工人阶级和阶级斗争的许多道理，朱赫来是保尔走上革命道路的最初领路人。

在一次钓鱼的时候，保尔结识了林务官的女儿冬妮娅。

一天，朱赫来被白匪军抓走了。保尔到处打听他的下落，在匪兵押送朱赫来的途中，保尔猛扑过去，把匪兵打倒在壕沟里，与朱赫来一起逃走了。由于波兰贵族李斯真斯基的儿子维克多的告密，保尔被抓进了监狱。在狱中，保尔经受住了拷打，坚强不屈。为迎接白匪头子彼得留拉来小城视察，一个二级军官错把保尔当作普通犯人放了出来。保尔怕重新落入魔掌，不敢回家，遂不由自主地来到了冬妮娅的花园前，纵身跳了进去。由于上次钓鱼时，保尔解救过冬妮娅，加上她又喜欢保尔"热情和倔强"的性格，他的到来让她很高兴。保尔也觉得冬妮娅跟别的富家女孩不一样，他们都感受到了朦胧的爱情。为了避难，他答应了冬妮娅的请求，住了下来。几天后，冬妮娅找到了保尔的哥哥阿尔焦姆，阿尔焦姆把弟弟送到喀察丁参加了红军。

保尔参军后当过侦察兵，后来又当了骑兵。他在战场上是个敢于冲锋陷阵的战士，而且还是一名优秀的政治宣传员。他特别喜欢读《牛虻》《斯巴达克斯》等作品，经常给战友们朗读或讲故事。在一次激战中，他的头部受了重伤，但他用顽强的毅力战胜了死神。他的身体状况使他不能再回前线，于是他立即投入了恢复和建设国家的工作。他做团的工作，做肃反工作，并忘我地投入到艰苦的体力劳动中去。其中，修建铁路的工作尤为艰苦：秋雨、泥泞、大雪、冻土，大家缺吃少穿，露天住宿，而且还有武装匪徒的袭扰和疾病的威胁。

在这段时间里，保尔和冬妮娅的爱情产生了危机，冬妮娅那庸俗的个人主义令他反感。等保尔在修筑铁路时见到她，她已和一个有钱的工程师结了婚。保尔在铁路工厂任团委书记时，与团委委员丽达在工作上经常接触，两人逐渐产生了感情。但他又错把丽达的哥哥当成了她的恋人，因而失去了与她相爱的机会。

在筑路工作要结束时，保尔得了伤寒并引发了肺炎，组织上不得不把保尔送回家乡去休养。半路上误传出保尔已经死去的消息，但保尔再一次战胜病魔。病愈后，他又回到了工作岗位，并且入了党。由于种种伤病及忘我的工作和劳动，保尔的身体越来越差，逐渐丧失了工作能力，党组织不得不解除他的工作，让他长期住院治疗。在海滨疗养时，他认识了达雅并与她相爱。保尔一边不断地帮助达雅进步，一边开始顽强地学习，增强写作的本领。1927年，保尔已全身瘫痪，接着又双目失明，肆虐的病魔终于把这个充满战斗激情的战士束缚在床榻上了。保尔也曾一度产生过自杀的念头，但他很快从低谷中走了出来。这个全身瘫痪、双目失明并且没有丝毫写作经验的人，开始了他充满英雄主义的事业——文学创作。保尔忍受着肉体和精神上的巨大痛苦，先是用硬纸板做成框子写，后来是自己口述，请人代录。在母亲和妻子等的帮助下，他用生命写成的小说《暴风雨所诞生的》终于出版了！保尔拿起新的武器，开始了新的生活。其实这部小说隐喻的是《钢铁是怎样炼成的》，而作者奥斯特洛夫斯基其实就是保尔·柯察金的原型。

同学们，请你们联系以上内容补充完成展现保尔成长经历的树状思维导图。

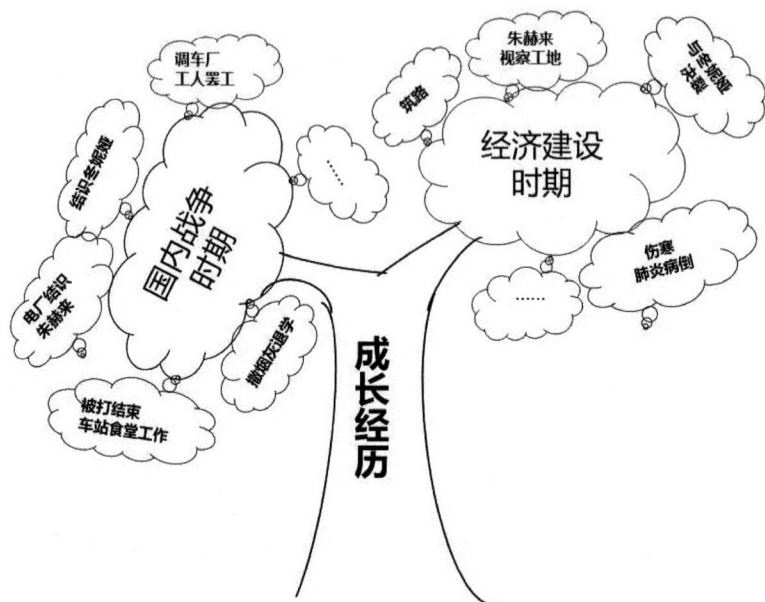

调车厂
工人罢工

结识丽娜姑

朱赫来
视察工地

铁路

与匪帮激战

经济建设
时期

国内战争
时期

电厂结识
朱赫来

伤寒
肺炎病倒

……

被打结束
车站食堂工作

参加攻克首都

成长经历

二、成长原因

保尔·柯察金是一个有血有肉、有优点又有缺点的人。经过懵懂的幼年时代和迷惘的青年时代，保尔最终确立了自己对共产主义思想的坚定信念。同学们，你们知道保尔的成长来源于什么吗？让我们一起来读读以下两个片段吧。

片段一：

保尔站在楼梯下面的暗处，听了这场谈话，又看到弗罗霞浑身颤抖，把头往柴堆上撞，他心头的滋味真是不可名状。保尔没有露面，没有作声，只是猛然一把死死抓住楼梯的铁栏杆，脑子里"轰"的一声掠过一个清晰而明确的想法：

"连她也给出卖了，这帮该死的家伙。唉，弗罗霞，弗罗霞……"

保尔心里对普罗霍尔的仇恨更深更强了，他憎恶和仇视周围的一切。"唉，我要是个大力士，一定揍死这个无赖！我怎么不像阿尔焦姆那样大、那样壮呢?"

片段二:

　　朱赫来突然深夜来保尔家借宿,同保尔一起住了八天,这件事成了保尔生活中的一件大事。保尔第一次从水兵朱赫来的嘴里听了这么多令人激动的新鲜道理。这八天对年轻的锅炉工的成长,有着决定的意义。

　　水兵朱赫来已经两次遇险,他像关在笼子里的猛兽一样,暂时待在这间小屋里。他对打着蓝黄旗踩蹦乌克兰大地的匪都充满了仇恨。现在他就利用这段迫不得已而闲着的时间,把满腔怒火和仇恨都传给如饥似渴地听他讲话的保尔。

　　朱赫来讲得鲜明生动,通俗易懂。他对一切问题都有清楚的认识。他坚信自己走的道路是正确的。保尔从他那里懂得了一大堆名称好听的党派,什么社会革命党、社会民主党、波兰社会党等等,原来都是工人阶级的凶恶敌人。只有一个政党是不屈不挠地同所有财主作斗争的革命党,这就是布尔什维克党。

保尔的成长离不开两个外因:一是目睹社会底层人民所遭受的欺压,让他十分不满,有了自发的反抗念头;二是在朱赫来的影响下走向革命道路。

　　除此之外,还有内因:他有一颗坚强不屈、不惧挫折、勇敢刚毅的心。他历经生死磨难,非但没有向厄运低头,反而愈挫愈勇。

　　文字蕴含无穷无尽的魅力,《钢铁是怎样炼成的》中有很多精彩情节,能更好地表现人物的心理,更好地丰满人物的形象,更好地表现周围的环境。所以,要想获得更丰富的阅读体验,还是要去读原著。下面,我们一起来学习常用的读书方法:摘抄和做笔记。

摘抄

保尔的形象如此鲜明,在阅读的过程中,有没有哪处打动了你或者让你印象深刻?是保尔矛盾的内心独白,还是保尔精彩的语言,或者是保尔身处的特殊环境?

摘抄一般要根据学习、借鉴的意图来对阅读内容进行选择,可以是生动传神的细节描写片段、启迪思想的名言警句、写作技巧运用精彩的语段,也可以是描写人物言谈、举止、心理的片段以及各种人物对其的评价。摘抄可以积累语言和素材。

同学们一定要将这种好的阅读习惯保持下去。

做笔记

在阅读的过程中,有时我们会有个性的思考,会有自己的观点,这时就可以在书上做笔记。

做笔记的常用方式有以下两种。

写提要:可以是语意连贯的成段文字,可以是按层次和要点罗列的提纲,也可以是体现作品结构思路的图表。

写心得:可以是对作品内容和形式的看法与评价,也可以是阅读中产生的新认识、新观点。

示例:写提要,钢铁战士保尔的成长阶段。

第一阶段:年少无知、惹是生非、受尽凌辱阶段。

第二阶段:革命意识初步萌发,走上革命道路阶段。

第三阶段:英勇顽强、斗争经验逐步丰富的成熟阶段。

第四阶段:凭着崇高的理想、顽强的毅力,实现生命意义的伟大阶段。

示例:求学路上阅读《钢铁是怎样炼成的》的心得。

保尔敢于向命运挑战,体现出他身上自强不息、奋发向上的精神,保尔崇高的革命思想、高尚的道德情操、忘我的献身精神、坚强的斗争意志、乐观的生活态度以及明确的人生目标都是我们学习的榜样。读这本书让我懂得多少英雄、伟人,都是在熊熊燃烧的火焰中锻炼出来的,正如人们常说的:"宝剑锋从磨砺出,梅花香自苦寒来。"和保尔相比,我们在学习和生活中遇到的困难实在是微不足道的,我们要像保尔一样不害怕困难。

人到中年阅读《钢铁是怎样炼成的》的心得。

读这本书让我明白人生是一段曲折而坎坷不平的路。在人生的旅途中,我们会遇到重重的困难,要去面对失败的打击和不被人理解的痛苦,我们会拥有,也会失去。但是,这一切都是短暂的,这一切都是我们的人生经历,我们没有办法改变,只能勇敢乐观地面对得失。我们要学会坦然。人生最容易学的是加法,最难学的是减法。

摘抄和做笔记可以帮助我们重温作品内容,积累语言和素材,有助于提升阅读质量,提高分析能力、鉴赏能力和写作能力。

摘抄可以采用卡片形式,同学们可以自己设计样式。

笔记呈现方式有:要点提纲、思维导图、片段赏析、随笔、小论文等等。

思维导图是表达发散性思维的有效的图形思维工具,它图文并茂、简单有效,能够帮助我们对所研究的问题进行全方位和系统的描述与分析,尤其适合我们做笔记。

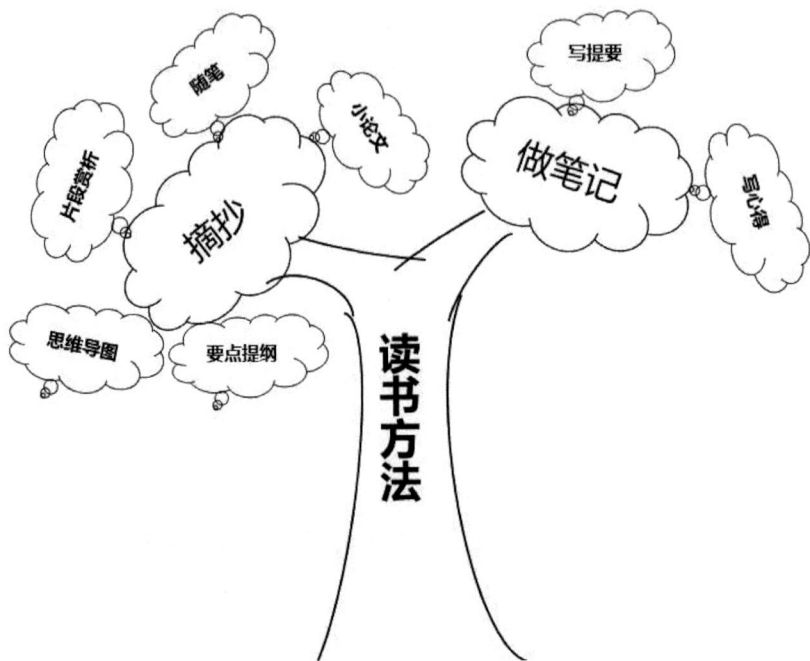

亲爱的同学，你们喜欢读《钢铁是怎样炼成的》吗？你们知道书名的含义吗？

"钢铁"指信念、意志和毅力。作者说："钢是在烈火与骤冷中铸造而成的。只有这样它才能变得坚硬，什么都不惧怕。我们这一代人也是在这样的斗争中、在艰苦的考验中锻炼出来的，并且学会了在生活面前不颓废。"

"烈火与骤冷"指特殊的、艰苦的环境和条件，在小说中具体体现为残酷的战争环境、恶劣的自然环境、艰苦的劳动条件以及常人难以忍受的病痛。

书名的含义：一个革命战士，只有在艰苦的环境中、在革命的斗争中才能磨炼成为一个真正的革命战士。

一部作品就是一个时代的缩影，一个英雄就是一个时代的典型。

同学们，如果我们能运用摘抄和做笔记的读书方法，深入到名著的细枝末节处去品读，便能获得感悟，受到启迪，领略到更多更美的风景。

导读2：保尔·柯察金的形象分析

同学们，保尔·柯察金是一个在苏俄革命的大熔炉中淬炼出来的英雄人物。你们知道作者为什么要塑造这样一个形象吗？

奥斯特洛夫斯基是一名苏联作家，坚强的布尔什维克战士，著名的无产阶级革命家。他出生于乌克兰一个贫困的工人家庭。1919年加入乌克兰共产主义青年团，参加红军，奔赴苏联国内战争的前线。1920年秋天在战斗中负重伤。1924年加入乌克兰共产党。后由于病情恶化而全身瘫痪，双目失明，但他毅力惊人。1933年，由他口述、妻子整理，完成了长篇小说《钢铁是怎样炼成的》的创作。

有人曾这样评价奥斯特洛夫斯基："他的一生是个奇迹，尽管饱受病痛折磨，却从未向死神低头，在瘫痪和失明的情况下，创作了描写自己这代人命运的不朽作品。"

书中的主人公保尔是以作者为原型进行刻画的，那么奥斯特洛夫斯基和保尔有哪些相同之处呢？我们来作一下比较（见表1）。

表1　奥斯特洛夫斯基与保尔·柯察金人物形象对比

人物	奥斯特洛夫斯基	保尔·柯察金
出身贫困	乌克兰贫困工人家庭	贫困铁路工人家庭
少年苦难	11岁开始当童工	在车站食堂当杂役
参加革命战争受伤	1919年加入乌克兰共产主义青年团，参加红军奔赴前线；1920年秋天在战斗中负重伤	参加革命，在战场上冲锋陷阵；有一次头部受伤
身体状况	1927年由于病情恶化而全身瘫痪，双目失明	全身瘫痪，双目失明
晚年写书	1933年由他口述，妻子整理，完成了《钢铁是怎样炼成的》	在母亲和妻子等的帮助下写完了《暴风雨所诞生的》

正是由于《钢铁是怎样炼成的》是作者根据自己的亲身经历创作的，所以保尔这个人物形象中有着作者本人的影子。同学们，请结合两人的经历，思考作者借保尔这个人物形象想表达什么。

作品塑造的主人公保尔·柯察金，充满了革命的理想主义色彩和英雄主义的格调。作为一个新时代的英雄，他身上表现了这样的人格特征：自我奉献的精神，坚定不移的信念，顽强坚忍的意志。这些完美的特质永远是激励一代又一代有为青年向善向美的原动力。

卧病在床的奥斯特洛夫斯基希望通过文学创作回归到战斗队伍中来。为了顺应时代对文学的需求，以及社会对理想人格的呼唤，作者塑造了一位在革命和建设中诞生的青年英雄形象，把同时代人波澜壮阔的斗争生涯和富有激情的建设蓝图描绘了出来。一个有希望的民族不能没有英雄，《钢铁是怎样炼成的》最大的成功之处就在于塑造了主人公这一无产阶级英雄形象。纷飞的战火，保尔没有逃避；冰冷残酷的监狱，保尔没有退缩；纵使多次遭受磨难，保尔也一直坚持向前。在保尔身上，我们可以看到他的坚韧不拔、他的顽强奋斗、他的钢铁意志。其实，我们可以通过圈点批注、摘抄笔记从更多的方面去深入探索保尔究竟是个怎样的人。

一、从基本情况看保尔

同学们，我们在阅读时可以摘抄一些与保尔相关的信息，并适当地做些笔记，例如：

国籍：苏联

职业：杂役、士兵、作家

家庭情况：母亲玛利亚、哥哥阿尔焦姆

代表作品：《暴风雨所诞生的》

经典情节：

①因救朱赫来而入狱，面对敌人的严刑拷打，坚贞不屈；为了革

命英勇作战，头部受伤，右眼失明；受重伤失去健康后，离开战场投入到国家建设中，忘我地工作。

性格特征：为理想而献身的精神。

②筑路时，带领"潘克拉托夫小队"克服种种艰难困苦，疯狂地工作；失去工作能力，顽强地战胜了自杀的念头；克服难以想象的困难，在病榻上写作，写出了《暴风雨所诞生的》。

性格特征：钢铁般的意志。

③重伤时，手术中，死神的黑色翅膀曾四次触及过他，他仍坚持写作并乐观地安慰妻子达雅。

性格特征：顽强奋斗，乐观豁达。

从以上笔记中，我们可以看到保尔饱尝了生活的苦难，炼就了为理想而献身的精神，钢铁般的意志，坚韧不拔、顽强奋斗的高贵品质。他是一个伟大的无产阶级英雄，是苏联第一代共青团员的光荣代表，他对共产主义理想的无限忠诚以及百折不挠的拼搏精神令人敬仰。

二、从好兄弟看保尔

在保尔的成长路上，有两个至关重要的好兄弟，一个是他的哥哥阿尔焦姆，一个是朱赫来，他们在保尔的成长路上扮演着什么样的角色呢？你能从他们和保尔的相处中看出保尔是个怎样的人吗？首先，我们先对这两人做一个简单了解。

阿尔焦姆

保尔的哥哥，一个火车司机，钳工，市苏维埃主席。

经典情节：他十分爱护保尔，希望保尔能成为一个不会闹事、有出息、能够自力更生的人。

性格特征：具有工人阶级的高贵品质，和敌人进行了不懈的斗争，是朱赫来最好的助手。

朱赫来

共产党地下工作者，是保尔的精神导师，保尔走上革命道路的最初引领者和领导人。沉着干练，富有组织能力，启发和吸引了一大批像保尔一样的青年参加革命。

经典情节：教保尔打拳，给保尔讲革命的道理→营救犹太人→被捕→战斗中受伤→制止暴乱→筑路过程中教育保尔。

性格特征：无私奉献，关爱他人；具有坚定的革命信念；遇事沉着冷静，敢于反抗；有很强的组织领导才能。

市苏维埃主席　朱赫来最好的助手　地下工作者

钳工　阿尔焦姆　朱赫来　最初引领者和领导人

火车司机　保尔的哥哥　从好兄弟看　精神导师

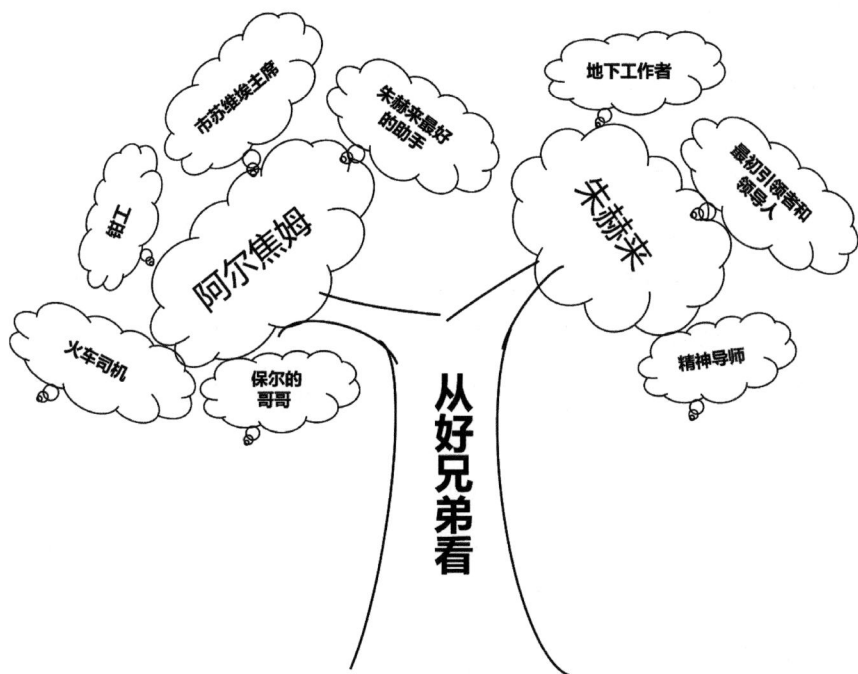

下面，我们再来读读保尔和阿尔焦姆的通信，也许你会有新的发现。

　　阿尔焦姆很少接到他弟弟的来信，但是，在镇苏维埃里，每逢他看见自己桌子上的灰信封和有棱有角的熟悉字体的时候，他就要失去往常的平静。这一回，当他撕开信封的时候，他满怀深情地想道：

　　"呵，保夫鲁沙，保夫鲁沙，弟弟呀！要是我们俩能在一起，该有多么好呵！你的各种意见，对我都会是很有用的。"

　　保尔的信上说：

　　亲爱的阿尔焦姆哥哥：我要把我自己的事情告诉你。我想，这些话除你以外我是不会向别的任何人说的。你知道我，你理解我信上的每一个字。这一次，我在为健康而斗争的战线上，不断地受到生活的逼迫。

　　我接连地遭受打击。在一次打击之后，我好容易快要爬起来，另一次打击，比上一次更无情的打击又来了。最可怕的是我已经失去了抵抗力。我的左臂不能动弹了。这本来已经够痛苦的了，可是，接着我的两条腿也不听话了。本来我就只能勉强行动（只限于室内），现在甚至要下床走到桌子跟前都很费劲。可是，恐怕这还不算完。明天怎样？我不敢预料！

我再也不能走出屋子了，我只能从窗户看到海的一角。一个人有个不受支配的背叛的肉体，又有一颗布尔什维克的雄心和意志，他迫不及待地向往劳动，向往你们正在整个战线上进攻的大军，向往那排山倒海、滚滚向前的钢铁巨流。一个人兼有这两者，世上还有比这更惨的悲剧吗？

但是，我仍然相信我能归队，在勇猛前进的队伍里也会有我一把刺刀。我不能不这样相信，我没有权利不这样相信。十年来，党和团教给了我反抗的艺术，领袖说，没有布尔什维克不能攻克的堡垒。这对我也适用。

…………

你的保尔

书中穿插书信，真实地反映了人物的性格特征。如选文中保尔在给哥哥的信中述说了自己受到接连不断的打击之后的身体和思想状况，真实生动地刻画了保尔刚毅坚强、无私奉献、乐观自信、信念坚定、为革命奋斗到底的形象。保尔虽然受到了接连不断的打击，但仍向往劳动，向往投身到国家建设中去，他这种刚毅坚强、无私奉献、乐观自信、信念坚定、为革命奋斗到底的精神品质影响了一代又一代人，为千千万万的青年人如何走好人生之路作出了榜样。

三、从三个女人看保尔

《钢铁是怎样炼成的》这本书里重点写了三个与保尔有关的女人，我们一起通过认识这三位女性来一窥保尔的形象。

初恋情人冬妮娅

经典情节：保尔少年时的伙伴，青年时的恋人，林务官的女儿，喜欢读书；帮助出狱的保尔；参加工友会时高傲奢华；最后嫁给了有钱的工程师。她由一个资产阶级小姐完全变成时代的落伍者和寄生虫。

性格特征：天真纯朴、大方热情；身上有着强烈的小资产阶级情调，贪图安逸的生活。

爱慕者丽达

经典情节：一个优秀的共产党员，曾是保尔深爱的对象。她酷爱工作，善于出谋划策。

性格特征：漂亮机智，打扮简单而干练，心地善良而坚定。爱憎分明，热爱自己所信仰的共产主义，与保尔志同道合，配合默契。

妻子达雅

经典情节：保尔涅槃重生时期认识了达雅，达雅最终成为他的妻子。达雅是一个贫穷的农家女，父亲酗酒，母亲偏爱无能的弟弟。她在保尔的领导下勇敢做出反抗，并且帮助保尔完成了创作。

性格特征：温柔体贴，善良勤奋，不怕困难，勇于挑战。

不成熟但美好纯洁的初恋，铭刻在爱情回忆里的红颜知己，还有始终陪伴在身边的妻子，这三个女人在保尔生命的不同时段扮演着不同的角色，这三个角色是保尔感情阶梯式成长的清晰写照。《钢铁是怎样炼成的》不仅从一个革命人的描写里反映了十月革命后新生的苏维埃政权与国家的复活，也从这个平凡人的人生中写出了浓缩的爱情阶梯式成长，这三个女人是保尔参加革命前后由青涩到成熟转变的见证。我们一起来读读下面的语段，更好地了解保尔吧。

"摆脱一切束缚，到我们的队伍中来吧。让我们一起为消灭统治阶级而奋斗。……你又说，我的朋友们对你不友好，但是你为什么要打扮得像去参加资产阶级的舞会呢？是虚荣心害了你，你说你不愿意穿上肮脏的军服。你既然有勇气爱一个工人，却不能爱工人阶级的理想。跟你分手，我感到遗憾，但愿你能给我留下美好的记忆。"保尔不再说下去了。

从保尔与冬妮娅的对话中，我们看到了当个人的幸福与党的事业发生冲突时，保尔毅然坚决地选择了党的事业，放弃个人幸福。由此可看出保尔坚决的意志、对党的忠心、和敢爱敢恨的性格。

当他躺在手术台上，手术刀割开他的颈子，切除一侧的副甲状腺时，死神的黑色翅膀曾经三次触及到他。然而保尔的生命力非常顽强。达雅焦急不安地守候在外面，几个小时以后，她看见丈夫的脸色像死人般苍白，但仍然很有生气，而且像往常一样平静温存：

"好姑娘，你别担心，我可不会这么容易就进棺材的。我还要活下去，哪怕有意跟那些医学权威的预言捣捣蛋也好嘛。他们对我病情的诊断完全正确，但是写个证明，说我百分之百失去了劳动能力，那就大错特错了。我们走着瞧吧！"

从保尔安慰达雅的话语中，可以看到保尔坚定地选择了一条道路，决心通过这条道路回到新生活建设的队伍中去，"这条道路"就是文学创作。保尔全身瘫痪、双目失明之后，也曾一度产生过自杀的念头，但他很快从低谷中走了出来，开始了他充满英雄主义的事业——文学创作。他能够忍受着肉体和精神上的巨大痛苦，拿起新的"武器"，开始新的生活，真正的英雄就要像保尔一样勇敢面对生活的磨砺，找到人生的方向，发现自我，突破自我。

保尔勇于挑战、自强不息，有崇高的革命理想、高尚的革命情怀，是一个顾全大局、大公无私而又不计较得失的人。面对残酷战争和艰苦环境的严峻考验，需要有顽强的意志；面对爱情与事业的两难选择，同样需要顽强的意志。诠释无产阶级英雄战士钢铁般意志的，除了枪林弹雨中的出生入死，还有情感路口毅然决然的无悔选择。

1965 年，诺贝尔文学奖得主肖洛霍夫说："《钢铁是怎样炼成的》是'生活的教科书'。"书中为理想而奋斗、具有钢铁般意志的保尔影响了一代又一代年轻人。书常读常新，无论是战争时期，还是和平年代，无论你生长在哪个国度，如果你想要让生命更有价值、更有宽度和厚度，可以读一读《钢铁是怎样炼成的》，因为它是理想主义的旗帜和生活的教科书，它教你怎么对待磨难、命运，对待祖国、人民，对待爱情、事业。同学们，书中还有很多精彩之处值得我们深入学习和探讨，我们可以对自己感兴趣的内容进行专题探究。

《水浒传》：古典小说的阅读

导读1：探究古典小说的人物形象

明末清初著名的小说戏曲评论家金圣叹说："呜呼，天下之乐，第一莫若读书；读书之乐，第一莫若读《水浒》。"亲爱的同学们，你们喜欢读《水浒传》吗？能简要地介绍一下这本书吗？

这本书成书于元末明初年间，它的作者是施耐庵。

不过，对于《水浒传》的作者其实有多种说法，我们现在通常认为作者是施耐庵，但也有人说是施耐庵弃官回到家乡，和弟子罗贯中一起搜集整理宋江等英雄人物的故事，最终写成了《水浒传》。还有人说此书是罗贯中撰写的。

《水浒传》是中国历史上第一部歌颂农民起义的长篇小说，它主要记述了梁山好汉们从起义到兴盛再到最终失败的全过程，这是一部章回体长篇小说。

什么是章回体呢？其实就是将全书分为若干章节，每个章节就是一回。它是由宋元时期的"讲史话本"发展而来的。讲史一般都很长，艺人在表演时必须分为若干次才能讲完。每讲一次，就相当于后来章回体小说中的一回。

在每次讲说之前，艺人要用题目向听众揭示主要内容，这就是章回体小说回目的起源。

　　《水浒传》在明代有很多的版本，大致可以分为简本和繁本两大类。简本文字简略，描写细节少；繁本描绘细致生动，文学性较强。

一、人物情节

　　这部长篇小说生动地塑造了哪些人物呢？你能说出与这些人物相关的故事情节吗？

　　读古典章回体长篇小说，首先还是要关注回目。它可以帮助我们获取与本书相关的许多信息，例如，阅读回目可以帮助我们迅速地了解故事情节。

　　现在，让我们借助树状思维导图来绘制第一棵思维树——人物情节树吧。

　　比如我们中国老百姓最为熟知的人物武松。从回目中我们可以梳理出武松的一些故事情节，如景阳冈打虎、斗杀西门庆等，我们可以把它制作成人物情节树的一部分。

　　同学们，你们也试试吧，相信你们一定能绘制出一棵枝繁叶茂的大树。

二、人物绰号

如果我们再仔细地阅读回目，就会发现作者给书中很多人物都取了绰号。

亲爱的同学，你知道武松的绰号是什么？是行者。

"行者"是僧人。武松是怎么得这个绰号的呢？

书中写道："缉捕急如星火，颠危好似风波。若要免除灾祸，且须做个头陀。"

"头陀"是什么？是指带发僧人。武松是为了逃避官府的捉拿，才扮作了僧人，这个绰号是和他的经历有关。

有意思的是，张青和孙二娘看了武松的装扮，两个人喝彩道："却不是前生注定！"

而武松的结局正是在六和寺中出家，后至八十善终。

看来武松看似无意间的一个绰号却早已暗示了他的命运和归宿。

同学们，你们能说出下面三个片段分别描写的是哪个人物吗？他们的绰号是什么？

1.起自花村刀笔吏，英灵上应天星，疏财仗义更多能。事亲行孝敬，待士有声名。济弱扶倾心慷慨，高名水月双清。及时甘雨四方称，山东呼保义，豪杰宋公明。

2.只见那汉子头戴一顶范阳毡笠，上撒着一把红缨，……生得七尺五六身材，面皮上老大一搭青记，腮边微露些少赤须，把毡笠子掀在脊梁上，坦开胸脯，带着抓角儿软头巾。

3.万卷经书曾读过，平生机巧心灵。六韬三略究来精。胸中藏战将，腹内隐雄兵。谋略敢欺诸葛亮，陈平岂敌才能。略施小计鬼神惊。

第一个片段描写的是及时雨宋江，第二个片段是青面兽杨志，第三个片段是智多星吴用。

作者是根据什么来给他们取绰号的呢？请你读读这三个片段，说说你的发现。

宋江的绰号是根据他仗义疏财的性格来取的；杨志则是因为面皮上有一块青记而给他取了个绰号叫"青面兽"，这是根据他的长相来取的；吴用之所以被称为智多星是因为他饱读经书，很有谋略，这个绰号体现了他的特长和才华。同学们，你们是不是觉得很有意思呢？

下面我要考考大家，你们知道下面这些绰号分别指哪个好汉吗？

玉麒麟　豹子头　霹雳火　小李广　花和尚　急先锋　赤发鬼黑旋风　九纹龙　混江龙　浪里白跳　活阎罗

你都能说出来吗？你想不想去探究一下他们这些绰号的来由呢？我建议大家借助树状思维导图，把108位好汉的绰号整理出来，这样有助于你更好地认识这些人物。

比如说，杨志、朱仝、鲁智深、刘唐他们的绰号都是根据人物的外貌来取的，从他们的绰号就可以对他们的长相略知一二。朱仝，不用说，肯定有非常漂亮的胡须，同时，美髯公的称号也让我们不禁想到了关公，这必定是位仪表堂堂、威风凛凛的男子。我相信只要你用心去阅读，用心去整理，一定会有很多有意思的发现。

赤发鬼
刘唐

花和尚
鲁智深

······

外貌

美髯公
朱仝

青面兽
杨志

······

人物绰号

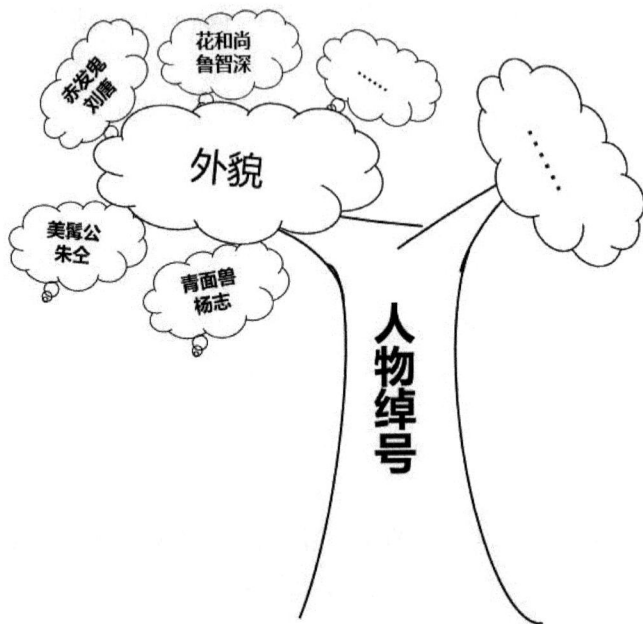

同学们，请你们完成第二棵思维树——人物绰号树吧。

《水浒传》这本书塑造了很多人物形象，最为人们津津乐道的是108
将，这是个怎样的群体呢？让我们首先走近最为广大老百姓熟知的武
松吧。

三、人物关系

同学们，我们来看一下《水浒传》中与武松有关的回目，你们能从这
些章节中找出与武松有关系的人物吗？他们是什么关系呢？

下面这张简化的树状人物关系图中既有他的家人，有他偶然结识的朋
友，也有帮助过他的恩人，还有他仇恨的人。

这可以说是一张江湖恩怨图！

在这张繁杂的人物关系图中，哪些人改变了武松的命运呢？

其中西门庆和蒋门神是他人生重大转折的关键人物。

西门庆和武松的嫂子潘金莲的奸情败露后，他们毒死了抚养武松长大的哥哥武大郎。武松曾去县衙门控告西门庆，但西门庆买通了官府上下，武松只好自己解决，他杀了西门庆和潘金莲，为哥哥报了仇，并向衙门自首，最后判了个刺配孟州。因为西门庆，原本在衙门担任都头的武松命运发生了巨大的变化。

我们一起看看武松斗杀西门庆的场景吧。

　　且说武松径奔到狮子桥下酒楼前，……武松把那被包打开，一抖，那颗人头血渌渌的滚出来。武松左手提了人头，右手拔出尖刀，挑开帘子，钻将入来，把那妇人头望西门庆脸上掼将来。……说时迟，那时快，武松却用手略按一按，托地已跳在桌子上，把些盏儿碟儿都踢下来。两个唱的行院，惊得走不动。……武松只顾奔入去，见他脚起，略闪一闪。恰好那一脚正踢中武松右手，那口刀踢将起来，直落下街心里去了。……却被武松略躲个过，就势里从胁下钻入来，左手带住头，连肩胛只一提，右手早揸住西门庆左脚，叫声："下去！"那西门庆一者冤魂缠定，二乃天理难容，三来怎当武松勇力。只见头在下，脚在上，倒撞落在当街心里去了。跌得个发昏。街上两边人都吃了一惊。武松伸手去凳子边，提了淫妇的头，也钻出窗子外，涌身望下只一跳，跳在当街上。先抢了那口刀在手里。看这西门庆，已自跌得半死，直挺挺在地下，只把眼来动。武松按住，只一刀，割下西门庆的头来。把两颗头相结做一处，提在手里。把着那口刀，一直奔回紫石街来。叫士兵开了门，将两颗人头供养在灵前，把那碗冷酒浇奠了，说道："哥哥魂灵不远，早生天界！兄弟与你报仇，杀了奸夫和淫妇！今日就行烧化。"

从这段描写中，我们看到西门庆难挡武松勇力，武松很轻松地就拿下了西门庆，他用西门庆的人头祭拜哥哥。虽然场面有点血腥，但快意恩仇，让我们看到了一个有仇必报、绝不屈服的武松。

作者在书中这样赞扬道："自信一身能杀虎，浪言三碗不过冈。报兄诛嫂真奇特，赢得高名万古香。"

蒋门神是施恩的死对头，武松为何又要醉打蒋门神呢？

我们一起来读读武松醉打蒋门神之前和施恩的一段对话。

武松听罢，呵呵大笑，便问道："那蒋门神还是几颗头，几条臂膊？"施恩道："也只是一颗头，两条臂膊，如何有多！"武松笑道："我只道他三头六臂，有那吒的本事，我便怕他！原来只是一颗头，两条臂膊。既然没那吒的模样，却如何怕他？"施恩道："只是小弟力薄艺疏，便敌他不过。"武松道："我却不是说嘴，凭着我胸中本事，平生只要打天下硬汉，不明道德的人！既是恁地说了，如今却在这里做甚么？有酒时，拿了去路上吃，我如今便和你去。看我把这厮和大虫一般结果他。拳头重时打死了，我自偿命！"施恩道："兄长少坐。待家尊出来相见了，当行即行，未敢造次。等明日先使人去那里探听一遭，若是本人在家时，后日便去；若是那厮不在家时，却再理会。空自去打草惊蛇，倒吃他做了手脚，却是不好。"武松焦躁道："小管营！你可知着他了，原来不是男子汉做事。去便去，等甚么今日明日！要去便走，怕他准备！"

我们知道，武松醉打蒋门神，一是为报恩，出于"义"字，另一个原因就是路见不平，拔刀相助，是"侠"的行为。他说道："凭着我胸中本事，平生只要打天下硬汉，不明道德的人！"在武松身上，我们看到了一种侠义精神。

武松杀了蒋门神等人后，在墙壁上还写下了"杀人者，打虎武松也"几个字，大有行不更名，坐不改姓，敢做敢当的气魄。

当然，在"张都监血溅鸳鸯楼"这一回中，武松枉杀了许多无辜之人，有人说他表现出了残暴的一面，不是"侠"之所为。这个我也表示赞同，我们要客观评价《水浒传》中的人物。武松如果是生活在当今时代，肯定会受到法律的严厉制裁。但是，《水浒传》中的人物是生活在一个法制不健全的时代，是一个要弱者靠暴力去反抗不公的社会。他"落草为寇"的根源，就是哥哥被恶人所害，官府不能帮他伸张正义，他心中不平，所以才自己动手报仇。人们在武松身上更多的是寄托了一种"行侠仗义"的精神，所以他一直受到人们的称赞，他的故事也广为流传，被改编成很多剧本、影视作品。

金圣叹曾这样评价武松：

一百八人中，定考武松上上。时迁、宋江是一流人，定考下下。

······武松粗卤是豪杰不受羁靮。

亲爱的同学，《水浒传》中还有哪些人物是你感兴趣的呢？不妨也来把他们的人物关系整理清楚，相信你会有很多意想不到的收获！

接下来，我们一起尝试着绘制第三棵思维树——人物关系树吧。

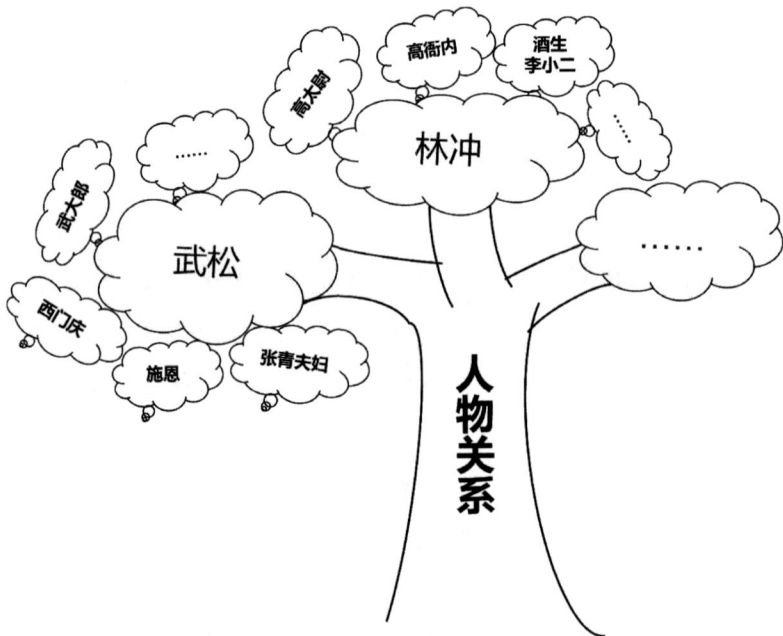

我们再来看看另外一位也被金圣叹定考为上上之人的林冲吧。他本是八十万禁军枪棒教头，又是哪些人哪些事让他的人生发生了剧变呢？

如果你厘清了林冲的人物关系的话，就不难发现，正是高太尉和高衙内让林冲的人生发生了剧变。高衙内调戏林冲的妻子，高太尉设计陷害林教头，让其带刀误入军机重地白虎堂，让曾经的八十万禁军枪棒教头林冲刺配沧州。

下面，请同学们读读以下的片段，说说受到迫害的林冲有怎样的变化。

1.当时林冲扳将过来，却认得是本管高衙内，先自手软了。······

智深道："我来帮你厮打！"林冲道："原来是本官高太尉的衙内，不认得荆妇，时间无礼。林冲本待要痛打那厮一顿，太尉面上须不好看。自古道：不怕官，只怕管。林冲不合吃着他的请受，权且让他这一次。"

2. 林冲听了大惊道："这三十岁的正是陆虞候。那泼贼贼也敢来这里害我！休要撞着我，只教骨肉为泥！"李小二道："只要提防他便了，岂不闻古人言：吃饭防噎，走路防跌。"林冲大怒，离了李小二家，先去街上买把解腕尖刀，带在身上，前街后巷一地里去寻。

第一个片段中，林冲的妻子被高衙内调戏后，他是忍气吞声、不敢得罪权贵，表现出他性格软弱的一面。而第二个片段中，他在一步步逼迫中最终站起来反抗，在"林教头风雪山神庙"这一情节中，林冲终于爆发，提枪戳死了欲置他于死地的三人，冒着风雪连夜投奔梁山。

林冲在上梁山前，曾在朱贵的酒店中题诗一首，对自己有这样一番评价：

> 仗义是林冲，为人最朴忠。江湖驰誉望，京国显英雄。
> 身世悲浮梗，功名类转蓬。他年若得志，威镇泰山东。

这八句话既有林冲对自己的评价"仗义""朴忠"，也有感叹自己命运的巨大转变，让我们看到了他走投无路时激发的远大志向：要威震天下。

读到这里，我们看到了一个有血性的林冲，一个真正的英雄好汉。后来，林冲作为梁山主要战将参与了一系列战役，战功赫赫，也算是实现了他当年许下的"壮志"。

另外，在林冲的人物关系网中，有一个在林冲危难之际起了大作用的人，那就是曾经在东京时被他救助的李小二。在他和李小二的相处中，我们也看到了他对底层百姓的恻隐之心，在他身上我们看到了救弱济贫的侠义气概。

林冲和武松都是被官府所逼上了梁山，还有哪些人也是这样的呢？《水浒传》中的108好汉被逼梁山，各有各的原因，各有各的不幸，有相同之处，也有不同之处。希望同学们课后借助人物关系树去探究一下人物落草为寇的原因。

同学们，通过绘制《水浒传》思维树，你们是否对书中的英雄好汉有了进一步的认识呢？

导读2：了解古代白话小说的艺术手法

从明代开始，小说这种文学形式打破了正统诗文的垄断，在文学史上，取得了与唐诗、宋词、元曲并列的地位。元末明初，在话本的基础上，产生了长篇章回体小说《三国演义》《水浒传》《西游记》等。明清章回体小说更是将古代小说逐渐推向了顶峰。

明末文学批评家金圣叹将《水浒传》与《离骚》《庄子》《史记》《杜工部集》《西厢记》合称为"六才子书"。《水浒传》之所以成为中国文学史上影响巨大的作品，不仅在于其思想内容的丰富，而且在于其艺术手法的成熟。今天，让我们一起来聊聊中国古代白话小说《水浒传》的艺术手法。

一、情节设计

由于受到讲史和说书的影响，早期长篇白话小说一般采取单线结构。我们首先来看看《水浒传》的回目。

从回目中，我们发现每一回目讲述的故事都有相对的独立性，所有的故事都被一条主线"梁山好汉起义"串在一起，按时间顺序叙述，全书没有主人公，纯粹是由一个个英雄的传记故事连缀而成。另外，《水浒传》的结构颇具特色的是，作者还采取先分后合的链式结构，前四十回先讲述单个英雄的故事,然后百川归海,逐步发展到水泊梁山大聚义。第七十回以后,写他们归顺朝廷,走向失败。

《水浒传》的情节生动曲折,大小事件都写得跌宕起伏,引人入胜。作者是如何做到的呢?

我们一起来看看"鲁提辖拳打镇关西"的精彩片段吧。

你能说说作者是如何设计情节的吗?是的,作者首先设计了鲁达三次戏弄郑屠的情节。

1.鲁达坐下道:"奉着经略相公钧旨,要十斤精肉,切作臊子,不要见半点肥的在上头。"

2.鲁达道:"送甚么!且住,再要十斤都是肥的,不要见些精的在上面,也要切做臊子。"

3.鲁达道:"再要十斤寸金软骨,也要细细地剁做臊子,不要见些肉在上面。"

当郑屠说鲁达是来消遣他时,鲁达挥拳打死了他。同学们,你们留意了吗?鲁达一共打了几拳呢?

一共打了三拳,请你们读读这精彩的三拳:

扑的只一拳,正打在鼻子上,打得鲜血迸流,鼻子歪在半边,却便似开了个油酱铺,咸的、酸的、辣的,一发都滚出来。郑屠挣不起来,那把尖刀也丢在一边,口里只叫:"打得好!"鲁达骂道:"直娘贼!还敢应口!"提起拳头来就眼眶际眉梢只一拳,打得眼睖缝裂,乌珠迸出,也似开了个彩帛铺的,红的、黑的、绛的,都滚将出来。两边看的人惧怕鲁提辖,谁敢向前来劝。郑屠当不过讨饶。鲁达喝道:"咄!你是个破落户!若是和俺硬到底,洒家倒饶了你!你如今对俺讨饶,洒家却不饶你!"又只一拳,太阳上正着,却似做了一个全堂水陆的道场,磬儿、钹儿、铙儿一齐响。鲁达看时,只见郑屠挺在地上，口里只有出的气，没了入的气，动弹不得。

亲爱的同学，你知道为什么要设计三次"戏弄"和"三拳"吗？因为这样可以使故事情节跌宕起伏、生动有趣，也使得人物形象更加鲜明。为了惩治郑屠这个地痞无赖，愤怒的鲁达并未逞一时之勇，不是来到肉铺，劈头盖脸就揍他一顿，而是"三激"郑屠，对郑屠大加戏弄，可见其有胆识，有谋略。而伸张正义、惩治恶人的"三拳"，一拳一个落点，一拳一个比喻，一拳比一拳厉害，不仅让读者觉得解气、解恨，更在读者面前刻画出了一个英勇非凡、武艺高强的"梁山好汉"形象，可谓是尽显好汉本色。

这种情节构思的方法被称为"回环三叠"式。它是民间故事中一种常用的表现手法。三叠式结构通常表现为一件事情要经过三次反复才能完成，或者说是通过三个类同的情节单元来叙述一个完整的故事。其实，在"三打"之前，还写了鲁达的"三遇"，遇史进、遇李忠、遇金翠莲父女。"鲁提辖拳打镇关西"的"三叠"结构的情节设计，让一位疾恶如仇、扶危济困、重义轻财、粗中有细、勇而有谋的肝胆英雄活生生地显现在我们的面前。《水浒传》中还有哪些情节也是"回环三叠"式结构的写法呢？

例如："施恩三入死囚牢""宋公明三打祝家庄""宋江三败高太尉"……

作者在情节设计上除了采用这种"回环三叠"式的写法以外，还采用了哪些艺术手法呢？比如设置悬念等。同学们，请你们利用树状思维导图尝试着做一番探索吧！

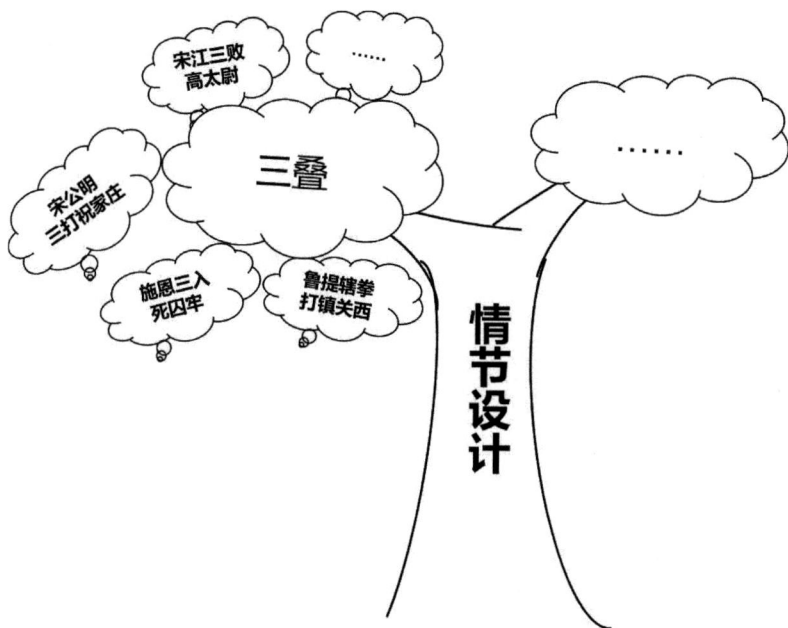

二、求同存异

《水浒传》的艺术成就最突出地表现在英雄人物的塑造上。在《水浒传》中，至少出现了一二十个个性鲜明的典型形象，这些形象有血有肉，栩栩如生，跃然纸上。

同学们，你们最喜欢或者印象最深刻的人物是谁呢？

请你们读读书中的这段外貌描写，猜猜他是谁：

> 头裹芝麻罗万字顶头巾，脑后两个太原府纽丝金环，上穿一领鹦哥绿纻丝战袍，腰系一条文武双股鸦青绦，足穿一双鹰爪皮四缝干黄靴。生得面圆耳大，鼻直口方，腮边一部貉獠胡须。身长八尺，腰阔十围。

他就是我们刚刚提到的鲁达。

我们再来看看下面这段人物的外貌描写，你能说出他是谁吗？

> 头戴一顶青纱抓角儿头巾，脑后两个白玉圈连珠鬓环。身穿一领单绿罗团花战袍，腰系一条双搭尾龟背银带。穿一对磕瓜头朝样皂靴，手中执一把折叠纸西川扇子。那官人生的豹头环眼，燕颔虎须，八尺长短身材，三十四五年纪。

他是《水浒传》中的另一个英雄人物林冲。

请你再仔细地读读上面这两段人物的外貌描写，比较一下他们的异同。

你看出来了吗？林冲和鲁智深都是身穿战袍，脚蹬靴子，都是军官的穿着打扮，大致相同，但两人也有着细微的区别，这正显出两人性格的不同。林冲"手中执一把折叠纸西川扇子"——他一出场展现的就是一个斯文、安分守己之人；鲁智深"生得面圆耳大，鼻直口方，腮边一部络腮胡须"——一眼看上去就是一个粗犷之人。

我们接下来看看书中所描写的林冲在妻子被高衙内调戏后，他和鲁智深的一段对话：

> 只见智深提着铁禅杖，引着那二三十个破落户，大踏步抢入庙来。林冲见了，叫道："师兄，那里去？"
>
> 智深道："我来帮你厮打！"
>
> 林冲道："原来是本官高太尉的衙内，不认得荆妇，时间无礼。林冲本待要痛打那厮一顿，太尉面上须不好看。自古道：不怕官，只怕管。林冲不合吃着他的请受，权且让他这一次。"
>
> 智深道："你却怕他本官太尉，洒家怕他甚鸟！俺若撞见那撮鸟时，且教他吃洒家三百禅杖了去。"
>
> 林冲见智深醉了，便道："师兄说得是。林冲一时被众人劝了，权且饶他。"

智深道："但有事时，便来唤洒家与你去。"

从这段对话中，我们不难看出，林冲和鲁智深性格上的不同。一个是忍辱怕事，一个是疾恶如仇。

林冲是京城八十万禁军教头，鲁智深是渭州经略府提辖。他们两人都是武艺高强的军官，都是被逼上梁山的，身上都有着忠诚、仗义、慷慨的特点。作者在塑造这两个英雄人物时，既写了他们的共同点，又扣紧人物的身份、经历和遭遇来刻画他们性格的不同之处。

禁军教头的地位，优厚的待遇，美满的家庭，使林冲很自然地形成了一种安于现实、怯于反抗的性格，对统治阶级的迫害一再隐忍。同时，这种经历又使他结交了四方好汉，形成了豪爽、耿直、不甘久居人下的品德。因此，林冲的隐忍不同于逆来顺受，在他"忍"的性格中，聚集着复仇的怒火。

最后，他被逼上梁山，怒火的爆发是他性格发展的必然结果。与林冲相比，鲁智深并未遇到那样的不幸，但他在和统治阶级长期周旋中，看透了他们荒淫腐朽的本质，加之他无所牵挂的身世，形成了他酷爱自由、好打不平的性格。

书中还有哪些人也是军官出身的呢？他们与林冲、鲁智深又有哪些相同之处和不同之处呢？比如说，双鞭呼延灼、青面兽杨志、霹雳火秦明等。同学们，你们不妨把《水浒传》中的人物根据身份分成几大类，比较人物性格的异同之处，探究作者是如何成功地塑造了众多鲜明的英雄形象的。

如阮氏兄弟三人都是渔民，生存环境较为类似，且兄弟三人的特点较为相似，皆为受教育程度低，空有一身武艺却无处发挥。小说中阮氏三兄弟对于生活现状较为不满，但迫于社会环境等原因兄弟三人无法改变现状。兄弟三人具有较为近似的特点，但随故事情节的展开，吴用对兄弟三人进行引导，将兄弟三人成功收入水泊梁山组织后发现兄弟三人具有较大差异，如阮小二较为成熟稳重，阮小五较为自负狂妄，阮小七则心直口快、说一不二。此类求同存异的塑造手法明显使三兄弟的人物设定不再重合，各自拥有独立的人物性格与故事。

同学们，请你们利用树状思维导图对人物的性格塑造艺术做一番探索吧。

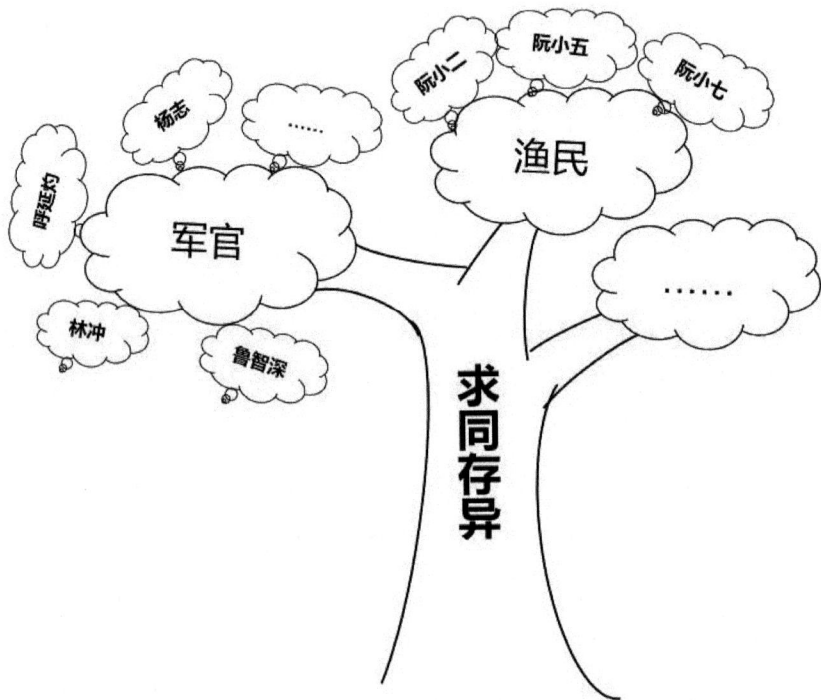

受古典诗词的影响，中国古代白话小说多在叙事中穿插诗词韵语。细心的你一定发现《水浒传》中也穿插了许多诗词韵语吧，这有哪些作用呢？我们一起来读读书中的九首诗，继续去探究一番吧。

我们一起来读读《水浒传》第四回"赵员外重修文殊院　鲁智深大闹五台山"中的诗词吧。

1.头重脚轻，对明月眼红面赤；前合后仰，趁清风东倒西歪。跟跟跄跄上山来，似当风之鹤；摆摆摇摇回寺去，如出水之龟。脚尖曾踢涧中龙，拳头要打山下虎。指定天宫，叫骂天蓬元帅；踏开地府，要拿催命判官。裸形赤体醉魔君，放火杀人花和尚。

2. 心头火起，口角雷鸣。奋八九尺猛兽身躯，吐三千丈凌云志气。按不住杀人怪胆，圆睁起卷海双睛。直截横冲，似中箭投崖虎豹；前奔后涌，如着枪跳涧豺狼。直饶揭帝也难当，便是金刚须拱手。恰似顿断绒绦锦鹞子，犹如扯开铁锁火猢狲。

首先请你说说这两首诗有什么作用。

这两首诗是塑造人物形象的。第一首诗写鲁智深醉酒的情形，第二首诗写鲁智深大闹五台山僧堂的情形。这两首诗刻画了一个豪爽鲁莽、率性所为、不拘小节的花和尚形象。

请你认真读读下面这首诗，这又是写什么的呢？

3. 云遮峰顶，日转山腰。嵯峨仿佛接天关，峛崺参差侵汉表。岩前花木，舞春风暗吐清香；洞口藤萝，披宿雨倒悬嫩线。飞云瀑布，银河影浸月光寒；峭壁苍松，铁角铃摇龙尾动。宜是由揉蓝染出，天生工积翠妆成。根盘直压三千丈，气势平吞四百州。

这首诗是描写环境的。这首诗是从鲁智深的角度来写的，描写的正是巍峨而秀丽的五台山，而这正是鲁智深将要归去的地方。

而下面第四、五首也是描写环境的，分别描写了寺庙和酒肆，点出了人物活动的地点和环境。

4. 山门侵峻岭，佛殿接青云。钟楼与月窟相连，经阁共峰峦对立。香积厨通一泓泉水，众僧寮纳四面烟霞。老僧方丈斗牛边，禅客经堂云雾里。白面猿时时献果，将怪石敲响木鱼。黄斑鹿日日衔花，向宝殿供养金佛。七层宝塔接丹霄，千古圣僧来大刹。

5. 傍村酒肆已多年，斜插桑麻古道边。白板凳铺宾客坐，矮篱笆用棘荆编。破瓮榨成黄米酒，柴门挑出布青帘。更有一般堪笑处，牛屎泥墙画酒仙。

第六首诗极力描写了茶的好处，"仙茶"也暗示了五台山智真长老是个"神人"，而智真长老对徒弟鲁智深未来的人生道路有过三次预测，后来也都得到了验证，为下文情节的发展埋下了伏笔。

6. 玉蕊金芽真绝品，僧家制造甚工夫。兔毫盏内香云白，蟹眼汤中细浪铺。

战退睡魔离枕席，增添清气入肌肤。仙茶自合桃源种，不许移根傍帝都。

第七首诗借用张旭的《醉歌行》，表明但凡饮酒，不可尽欢。常言酒能成事，酒能败事，便是小胆的吃了，也胡乱做了大胆，何况性高的人。而这里也与下文鲁智深醉酒大闹五台山相呼应。

7. 昔大唐一个名贤，姓张名旭，作一篇《醉歌行》，单说那酒。端的做得好，道是：

金瓯潋滟倾欢伯，双手擎来两眸白。延颈长舒似玉虹，咽吞犹恨江湖窄。

昔年侍宴玉皇前，敌饮都无两三客。蟠桃烂熟堆珊瑚，琼液浓斟浮琥珀。

流霞畅饮数百杯，肌肤润泽腮微赤。天地闻知酒量洪，敕令受赐三千石。

飞仙劝我不记数，酩酊神清爽筋骨。信笔挥成五百言，不觉尊前堕巾帻。

宴罢昏迷不记归，乘鸾误入云光宅。仙童扶下紫云来，不辨东西与南北。

一饮千钟百首诗，草书乱散纵横划。

第八首和第九首诗分别置于章回开头和结尾，用以结构作品。第八首诗用在开篇，概括了本章回的主要内容，让读者对本章节提前有了解，以便更好地阅读。第九首诗则交代了鲁智深未来的命运，具有总结过渡的作用。

8.躲难逃灾入代州，恩人相遇喜相酬。只因法网重重布，且向空门好好修。打坐参禅求解脱，粗茶淡饭度春秋。他年证果尘缘满，好向弥陀国里游。

9.这人笑挥禅杖，战天下英雄好汉；怒掣戒刀，砍世上逆子谗臣。直教名驰塞北三千里，证果江南第一州。

《水浒传》在叙事中穿插的诗词韵语内容涵盖广、功能多，除了我们以上讲的几类以外，还有哪些呢？请你尝试着利用树状思维导图把《水浒传》中的诗词韵语分门别类地整理一下吧，如果你能再积累一些诗句，我相信一定会丰富你的语言积累，提高你的语言表达能力。

著名学者胡适在《〈水浒传〉考证》一文中肯定《水浒传》是一部奇书，他说《水浒传》"在中国文学史占的地位比《左传》《史记》还要重大的多"。希望同学们能细细品一品《水浒传》，继续去探究它非凡的艺术成就，我相信，你们一定会有更多惊奇的发现。

《儒林外史》：讽刺作品的阅读

导读 1：体会小说的批判精神

　　鲁迅曾经在《中国小说史略》中说："迨吴敬梓《儒林外史》出，乃秉持公心，指摘时弊，机锋所向，尤在士林；其文又戚而能谐，婉而多讽；于是说部中乃始有足称讽刺之书。"同学们，让我们一起"讲儒林故事，观士林百态"，绘制一幅士林百态图。

　　首先，让我们了解一下作者吴敬梓。

　　吴敬梓，字敏轩，晚号文木老人。18 岁考取秀才。23 岁时父卒，家产被亲族侵夺，所承者又很快荡尽，被同族视为"败类"。33 岁被迫迁家南京，贫困，仍出资修先贤祠。36 岁因对科举生厌，拒绝博学鸿词科考试。54 岁客死扬州，朋友买棺收殓，归葬南京。

　　亲爱的同学，你能简要地介绍一下《儒林外史》这本书吗？

　　《儒林外史》是一部长篇讽刺小说，共五十六回，主要以封建士大夫的生活和精神状态为中心，揭露封建科举制度下士人的丑恶灵魂，刻画封建时代各个不同阶层的众生相，抨击腐蚀士人灵魂的八股取士制度。

　　这部长篇讽刺小说生动地塑造了哪些人物呢？

　　鲁迅在《中国小说史略》中评价："惟全书无主干，仅驱使各种人物……"《儒林外史》内容驳杂，儒林人物形象众多，往往是读了后面，忘记前面。同学们，你们在读书的时候有没有陷入烦乱而不解的状态呢？

下面，让我们一起来画一个《儒林外史》的人物分类树状思维导图吧！

一、迂腐儒生

腐儒，指迂腐的儒生，他们深受科举制度的毒害，只知道读书，只讲道德，不通世事，不讲理性和生活。

同学们，在儒林外史中，你们最熟悉的人一定是范进吧！

范进50岁时，仅是个童生，直到54岁才中秀才。范进要去应乡试，却被胡屠户奚落，但他宁可让家人挨饿也要坚持去应考。得知中举，他竟然欢喜得发了疯。他热衷功名，迂腐无能。胡屠户在范进中举人前，盛气凌人地辱骂他，说他是"现世宝""穷鬼""烂忠厚没用的人"，而他只是唯唯诺诺，还说"岳父见教的是"。他向胡屠户借盘缠，胡屠户用不堪入耳的言语骂他，他也毫不生气。他逆来顺受，怯懦麻木。范进中举后，与张乡绅称兄道弟。他的灵魂完全被科举的锁链束缚住了，他变得虚伪奸诈，世故圆滑。

同学们，你们知道范进是被谁提携考中举人的吗？是周进。我们再来看看周进的人生吧。

周进60多岁还是个童生，在村子私塾里教书糊口。学生进学成了秀才，他再无资格继续教下去，沦落到薛家集观音庵私塾中坐馆糊口，饱受别人的嘲弄和冷遇。参观贡院时，大半生追求功名富贵却求之不得的辛酸悲苦，以及所忍受的侮辱欺凌一下子倾泻出来，让他悲伤至极，意图寻死。几个商人帮助周进捐了个监生。不久，周进凭着监生的资格竟考中了举人。

过了几年，他又中了进士，升为御史，被指派为广东学道。在广州，周进发现了范进。为了照顾这个54岁的老童生，他把范进的卷子反复看了三遍，终于发现那是天地间最好的文章，于是将范进取为举人。

周进前半生生活在社会底层，地位卑下，事事仰人鼻息，逆来顺受，自尊低落，人穷志短。暮年飞黄腾达后，同情、提携同样出身下层和同样屡试不第的范进，表明周进秉性忠厚，迂而不恶。他还算是一个正面的形象，作者对这样一个除了科举，无法自食其力的人，寄予了无限同情。

同学们，作者所批判的迂腐文人还有很多，你们能再举一些例子吗？例如，鼓励女儿为亡夫殉节的王玉辉……

二、贪官污吏

小说中读书人一旦考中了进士，便可以名正言顺地踏入仕途。而那些原本可怜的读书人一旦做了官，便很快会成为贪官污吏。

在周进还没有考中的时候,曾经受到一个30多岁的新中举人傲慢、盛气凌人的侮辱。他就是王惠。同学们,你们能列举一些关于他的事件吗?

示例:

拉拢巴结周进的门生荀玫,教唆他瞒报母亲的丧事。

补任南昌太守却故意不交接,待上任太守用自己的钱弥补了官府的赤字之后才上任;上任后问明六房书办各项差事的余利,让大家将钱财归公。

宁王叛变,王惠投降;而宁王兵败,他则逃匿,中途还猎取了上任太守之孙的二百两银子。

王惠在八股制度下英年得势,官居高位而横征暴敛,心狠手辣,是残害百姓的典型人物。他是八股制度选拔出的败类,是贪婪成性、无德无行、毫无节操的恶官。

像他这样的人还有谁呢?一年搜刮了八千两银子的汤奉是不是呢?当然是的。书中这样描绘汤知县:

次日早堂,头一起带进来的是一个偷鸡的积贼,知县怒道:"你这奴才,在我手里犯过几次,总不改业,打也不怕,今日如何是好?"因取过朱笔来,在他脸上写了"偷鸡贼"三个字,取一面枷枷了,把他偷的鸡,头向后,尾向前,捆在他头上,枷了出去。才出得县门,那鸡屁股里嗢喇的一声,屙出一拋稀屎来,从额颅上淌到鼻子上,胡子沾成一片,滴到枷上。两边看的人多笑。

第二起叫将老师夫上来,大骂一顿"大胆狗奴",重责三十板,取一面大枷,把那五十斤牛肉都堆在枷上,脸和颈子箍的紧紧的,只剩得两个眼睛,在县前示众。天气又热,枷到第二日,牛肉生蛆,第三日,呜呼死了。

朝廷有禁杀耕牛的禁令，汤奉为了迎合上司而更好地升官发财，将做牛肉生意的老师父活活枷死。这些官吏凭借科举得意，升官发财，作威作福，贪婪、蛮横成了他们的共同特征。

同学们，你们阅读时发现了这样的贪官污吏了吗？请继续补充。

三、假名士

说起假名士，他们或科场败北，或无法登入仕途，于是就效法古人，结诗社，写斗方，附庸风雅，充当名士。他们表面上风流不羁，实际上却借此邀声盗名，来获取功名富贵。下面，让我们一起来认识一下他们吧。

这些人物主要分为三组，作者围绕三次诗酒"盛会"展开描绘，我们一起去看看。

湖州莺脰湖高士集会：娄公子、杨执中、权勿用、牛布衣、陈和甫、张铁臂、蘧公孙等。

当下牛布衣吟诗，张铁臂击剑，陈和甫打哄说笑，伴着两公子的雍容尔雅，蘧公孙的俊俏风流，杨执中古貌古心，权勿用怪模怪样：真乃一时胜会。两边船窗四启，小船上奏着细乐，慢慢游到莺脰湖。酒席齐备，十几个阔衣高帽的管家，在船头上更番斟酒上菜，那食品之精洁，茶酒之清香，不消细说。饮到月上时分，两只船上点起五六十盏羊角灯，映着月色湖光，照耀如同白日，一派乐声大作，在空阔处更觉得响亮，声闻十余里。两边岸上的人，望若神仙，谁人不羡？

杭州西湖斗方诗会：匡超人、牛浦郎、景兰江、金东崖、严贡生、支剑锋、赵雪斋等。

厨下酒菜已齐，捧上来众位吃了。吃过饭，拿上酒来。赵雪斋道："吾辈今日雅集，不可无诗。"当下拈阄分韵。赵先生拈的是"四支"，卫先生拈的是"八齐"，浦先生拈的是"一东"，胡先生拈的是"二冬"，景先生拈的是"十四寒"，随先生拈的是"五微"，匡先生拈的是"十五删"，支先生拈的是"三江"。分韵已定，又吃了几杯酒，各散进城。

南京莫愁湖高会：杜慎卿、季苇萧、季恬逸、萧金铉等。

当下戏子吃了饭，一个个装扮起来，都是簇新的包头，极新鲜的褶子，一个个过了桥来，打从亭子中间走去。杜慎卿同季苇萧二人，手内暗藏纸笔，做了记认。少刻，摆上酒席，打动锣鼓，一个人上来做一出戏。也有做"请宴"的，也有做"窥醉"的，也有做"借茶"的，也有做"刺虎"的，纷纷不一。后来王留歌做了一出"思凡"。

到晚上，点起几百盏明角灯来，高高下下，照耀如同白日。歌声缥缈，直入云霄。

这些所谓"名士"其实是一帮科举制度的"派生物"，他们聚会的目的无非是吃喝玩乐。他们装腔作势、呼朋引类，用高雅的外表包裹着猥琐的内心，用无聊的忙碌点缀着空虚的实质，把一些士大夫的那种游手好闲而又附庸风雅的坏传统发展到可笑可恶的地步。他们欺世盗名、待价而沽、附庸风雅、无聊庸俗、趋炎附势……

假名士如此，真名士应当如何呢？

四、真名士

真名士鄙视功名富贵，不热衷科举考试，不愿出世做官。精神上儒道互补，内心淡泊名利，追求自由。

王冕——你一定也非常熟悉吧，他在本书的第一回就出场了。

王冕在放牛时，经常把好东西包好，带回家给母亲吃；在山东时，他看到难民，联想到了母亲，于是就立即回家。母亲临终前和他说不要去做官，他也严格遵守。王冕虽出身田家，但天文、地理、经史上的大学问无不精通。他安于贫贱，以卖画为生。京官危素、知县时仁要见他，他都避而不见。他听说朝廷要改革科举制度，预测到这种八股取士制度的种种不良后果，便反对八股科举，到山中隐世。

同学们，从王冕身上，我们看到了一个孝顺善良、才华横溢、磊落洒脱、不事权贵、淡泊名利、超凡脱俗、见解独到的真儒名贤。

那有同学一定要问了，这本书不是讽刺小说吗？为什么要写真儒名贤呢？

其实，作者借王冕之口，以天象变异说明"一代文人有厄"，痛斥八股科举导致士子一味追逐功名富贵，从而造成社会风气的污浊腐败。塑造王冕这一光彩照人的典型形象，是为了激励士子去追求高尚的人格理想，不在功名富贵的追逐中扭曲灵魂。

说到这里，一定少不了以作者本人为原型的一个人。他说："秀才，未见得好似奴才。"这是对封建社会官吏选拔制度的嘲讽，也是批判。

同学们，你们知道他是谁吗？

他就是反对八股科举，不愿做官，被视为"自古及今难得的一个奇人"的杜少卿。

话说杜少卿别了迟衡山出来，问小厮道："那差人他说甚么？"小厮道："他说少爷的文书已经到了，李大老爷吩咐县里邓老爷请少爷到京里去做官。邓老爷现住在承恩寺。差人说，请少爷在家里，邓老爷自己上门来请。"杜少卿道："既如此说，我不走前门家去了。你快叫一只船，我从河房栏杆上上去。"当下小厮在下浮桥雇了一只凉篷，杜少卿坐了来家。忙取一件旧衣服，一顶旧帽子，穿戴起来，拿手帕包了头，睡在床上，叫小厮："你向那差人说，我得了暴病，请邓老爷不用来，我病好了，慢慢来谢邓老爷。"小厮打发差人去了。娘子笑道："朝廷叫你去做官，你为甚么妆病不去？"杜少卿道："你好呆！放着南京这样好顽的所在，留着我在家，春天秋天，同你出去看花吃酒，好不快活。为甚么要送我到京里去？假使连你也带往京里，京里又冷，你身子又弱，一阵风吹得冻死了，也不好。还是不去的妥当。"

以上片段写杜少卿以病为由拒绝出仕，可见他对功名富贵的不屑。另外，他还尊重妇女，反对歧视和摧残妇女，追求自由，慷慨大方……

这群真儒名贤蔑视科举，淡泊功名，与《儒林外史》中追名逐利的风气形成鲜明的对照。

还有哪些人是真名士呢？你在阅读的时候发现了吗？

尊重妇女，反对歧视妇女

追求自由、慷慨大方

超凡脱俗、见解独到

淡泊功名、蔑视权贵

杜少卿

李顺、善良

王冕

……

才华横溢、磊落洒脱

不事权贵、淡泊名利

真名士

《儒林外史》中的大多数人物，或唯利是图，自甘下流；或貌似君子，内心卑污；或故弄玄虚，欺世盗名；或倚仗权势，横暴不法；或假作清高，实则鄙陋；或终老科场，迂腐可笑……他们也是科举制背景下士林阶层的典型代表。作者从揭露封建腐朽的科举制度以及在这个制度奴役下的士人丑恶的灵魂入手，进而批判了封建官吏的昏聩无能、地主豪绅的贪吝刻薄、假名士的虚伪卑劣和附庸风雅，以及整个封建礼教制度的腐朽和士人灵魂的扭曲。吴敬梓的讽刺显然给了封建社会有力的一击，宣泄了大多数心有同感的读书人对人性卑劣、社会黑暗的控诉。

导读2：体会小说的讽刺艺术

亲爱的同学们，《儒林外史》是我国古代讽刺艺术中最具代表性的作品，作者成功地塑造了封建社会中的几大类典型人物，抨击了封建思想对人们的麻痹和残害，对整个社会风气都做了无情的揭露与批判，把我国古典讽刺小说推向了一个新的高峰。之所以有这么好的艺术效果，全在于它独特的讽刺艺术。

什么是讽刺艺术？

讽刺是文艺创作的一种表现手法，是人们针对社会生活中不合理的、错误的或腐朽的人或事，用讥讽、嘲笑的手法，突出其矛盾的所在，以达到贬斥、否定、批判的目的。

下面，我们就一起来探究《儒林外史》的讽刺艺术是如何具体呈现的吧。

一、传神描写

"无一贬词，而情伪毕露"，这是鲁迅先生的评价。通过对典型人物传神的描写，如语言、动作、心理描写，揭示出人物丰富复杂的内心，使人物鲜活起来。同学们，你们还记得马二先生、王玉辉及范进这几个人物吗？

马二先生热衷功名、醉心科举，又具有慷慨仗义、急人之难的品格。他出资埋葬了假仙人洪憨仙，送银两衣物给流落他乡的匡超人，这是他可尊、可敬的一面。然而作品也揭示了他可鄙、可笑的一面：

> 马二先生大喜，当下受了他两拜，又同他拜了两拜，结为兄弟。留他在楼上，收拾菜蔬，替他饯行。吃着，向他说道："贤弟，你听我说。你如今回去，奉事父母，总以文章举业为主。人生世上，除了这事，就没有第二件可以出头。不要说算命拆字是下等，就是教馆、作幕，都不是个了局。只是有本事进了学，中了举人、进士，即刻就荣宗耀祖。这就是《孝经》上所说的'显亲扬名'，才是大孝，自身也不得受苦。古语道得好：'书中自有黄金屋，书中自有千钟粟，书中自有颜如玉。'而今甚么是书？就是我们的文章选本了。贤弟，你回去奉养父母，总以做举业为主。就是生意不好，奉养不周，也不必介意，总以做文章为主。那害病的父亲，睡在床上，没有东西吃，果然听见你念文章的声气，他心花开了，分明难过也好过，分明那里疼也不疼了。这便是曾子的'养志'。假如时运不好，终身不得中举，一个廪生是挣的来的。到后来，做任教官，也替父母请一道封诰。我是百无一能，年纪又大了。贤弟，你少年英敏，可细听愚兄之言，图个日后宦途相见。"说罢，又到自己书架上，细细检了几部文章，塞在他棉袄里卷着，说道："这都是好的，你拿去读下。"

马二先生出题叫匡超人做八股文，并嘱咐他："奉事父母，总以文章举业为主。人生世上，除了这事，就没有第二件可以出头。"临别时还从自己的书架上捡几本八股文塞给匡超人。这些语言和动作的细节描写对马二先生的书呆子气、迂腐展现得十分清晰。

我们再来看看王玉辉对女儿殉节的一番言论：

> 王玉辉道："亲家，我仔细想来，我这小女要殉节的真切，倒也由着他行罢。自古'心去意难留'。"因向女儿道："我儿，你既如此，这是青史上留名的事，我难道反拦阻你？你竟是这样做罢。我今日就

回家去叫你母亲来和你作别。"亲家再三不肯。王玉辉执意，一径来到家里，把这话向老孺人说了。……王玉辉走到床面前说道："你这老人家真正是个呆子！三女儿他而今已是成了仙了，你哭他怎的？他这死的好，只怕我将来不能像他这一个好题目死哩！"因仰天大笑道："死的好！死的好！"大笑着，走出房门去了。

以上对人物的语言和神态描写，刻画了一个封建礼教的忠实信徒，王玉辉鼓励女儿自杀殉夫，对封建礼教的迷信使他失去理智。

他在家看见老妻悲恸，心下不忍，要到外面游玩，但是"一路看着水色山光，悲悼女儿，凄凄惶惶"，到了苏州，"见船上一个少年穿白的妇人，他又想起女儿，心里哽咽，那热泪直滚出来"。

这个顽固不化的人物，在祭祀女儿的时候却"转觉心伤，辞了不肯来"。以上这段神态和心理描写，成功地刻画了这个封建社会道学先生的腐败，表现了"吃人"的封建礼教，使人们读后更加憎恨封建社会制度。

对范进的细节描写更是脍炙人口，我们一睹为快：

周学道坐在堂上，见那些童生纷纷进来……落后点进一个童生来，面黄肌瘦，花白胡须，头上戴一顶破毡帽。广东虽是地气温暖，这时已是十二月上旬，那童生还穿着麻布直裰，冻得乞乞缩缩，接了卷子，下去归号。

作者通过周进的视角写范进形象的可怜和悲苦，是很有讽刺意味的。作者通过传神的描写，凸显了人物形象，连人物内心世界也被揭开来，人物立即鲜活起来了。

二、高度夸张

同学们，想要使人物刻画更具戏剧化效果，还得使用高度夸张的手法。

夸张变形是为了增强艺术效果而采取的放大手法,其本质是形象的强化。通过合理的夸张,将最富特征的细节、需要否定的东西延伸放大,更突显出人物的真实面目及本质特征,显示讽刺意味。

《儒林外史》讲了两个老年儒生的故事,一个叫周进,一个叫范进。作者对他们竭尽夸张描写,周进撞号板、范进中举发疯,事出意料之外,又在情理之中。我们一起来读读相关的片段。

1. 话说周进在省城要看贡院,金有余见他真切,只得用几个小钱同他去看。不想才到"天"字号,就撞死在地下。众人多慌了,只道一时中了恶。行主人道:"想是这贡院里久没有人到,阴气重了。故此周客人中了恶。"金有余道:"贤东!我扶着他,你且到做工的那里借口开水来灌他一灌。"行主人应诺,取了水来,三四个客人一齐扶着,灌了下去。喉咙里咯咯的响了一声,吐出一口稠涎来。众人道:"好了。"扶着立了起来。周进看着号板,又是一头撞将去;这回不死了,放声大哭起来。众人劝着不住。金有余道:"你看,这不是疯了么?好好到贡院来耍,你家又不死了人,为甚么这号淘痛哭是的?"周进也不听见,只管伏着号板,哭个不住;一号哭过,又哭到二号、三号,满地打滚,哭了又哭,哭的众人心里都凄惨起来。金有余见不是事,同行主人一左一右,架着他的膀子。他那里肯起来,哭了一阵,又是一阵,直哭到口里吐出鲜血来。众人七手八脚,将他扛抬了出来,贡院前一个茶棚子里坐下,劝他吃了一碗茶;犹自索鼻涕,弹眼泪,伤心不止。

2. 范进不看便罢,看了一遍,又念一遍,自己把两手拍了一下,笑了一声,道:"噫!好了!我中了!"说着,往后一跤跌倒,牙关咬紧,不省人事。老太太慌了,慌将几口开水灌了过来。他爬将起来,又拍着手大笑道:"噫!好!我中了!"笑着,不由分说,就往门外飞跑,把报录人和邻居都吓了一跳。走出大门不多路,一脚踹在塘里,挣起来，头发都跌散了，两手黄泥，淋淋漓漓一身的水。众人拉他不住，拍着笑着，一直走到集上去了。

周进、范进两个人物形象，一个悲极而泣，一个喜极而疯。在还没有考中举人之前，周进悲极而泣，甚至是哭出了鲜血来；在考中进士之后，范进是喜极而疯，疯到满街到处乱跑。这两位都是清代读书人痴迷科举的真实写照，作者把他们身上真实本质的东西通过变形、夸张，成倍地夸大，使其原形毕露。这样就意趣横生，讽刺之意四溢，给人留下强烈印象，起到深刻批判的作用。

三、对比手法

同学们，《儒林外史》的讽刺艺术还表现在哪里呢？对比手法也是《儒林外史》讽刺艺术的一个重要方面。下面，我们继续来探究吧。

同学们，请你们读读下面这段文字，说说其对比手法是如何运用的？

> 严贡生正在范进和张静斋面前吹嘘："小弟只是一个为人率真，在乡里之间，从不晓得占人寸丝半粟的便宜。"言犹未了，一个小厮进来说："早上关的那口猪，那人来讨了，在家里吵哩。"

严贡生的堂皇言辞与卑鄙行为形成鲜明对照，这样达到什么效果呢？通过刻画严贡生的言行不一，来揭示他欺诈无赖的行径。这就是在同一场景下，通过言语行径的矛盾达到讽刺的效果。

另外，作者在描写同一人物时，还善于抓住人物不同的社会地位所引发的变化，以强烈的对照，反映出封建社会的世态炎凉。作者揭示出人物前后言行的矛盾，把事物发展的过程尽量缩短，让相反的两种情况直接碰撞，一针见血地刺穿灵魂。我们继续来看看大家比较熟悉的周进和范进吧。

周进中举前梅玖的表现：

行为：

毫不理睬，也不起身相迎。

语言：

"老友（秀才，梅玖自己）不与小友（童生，周进）序齿。"

"呆，秀才，吃长斋，胡须满腮，经书不揭开，纸笔自己安排，明年不请我自来。"

周进中进士并做官之后梅玖的表现：

行为：

立周进长生牌位并朝牌位叩头，对外谎称是周进学生。

语言：

指着（周进写的对联）道："还是周大老爷的亲笔，你不该贴在这里，拿些水喷了，揭下来裱一裱，收着才是。"

老童生周进在发迹前受尽梅玖的奚落、挖苦，飞黄腾达后，梅玖就对周进敬若神明，连他当年在观音庵教私塾时写的对联，梅玖也要和尚"揭下来裱一裱"，加以珍藏。

范进中举前胡屠户的表现：

范进因没有盘费，走去同丈人商议，被胡屠户一口啐在脸上，骂了一个狗血喷头，道："不要失了你的时了！你自己只觉得中了一个相公，就'癞虾蟆想吃起天鹅肉'来！我听见人说，就是中相公时，也不是你的文章，还是宗师看见你老，不过意，舍与你的。如今痴心就想中起老爷来！这些中老爷的都是天上的'文曲星'！你不看见城里张府上那些老爷，都有万贯家私，一个个方面大耳？像你这尖嘴猴腮，也该撒抛尿自己照照！不三不四，就想天鹅屁吃！趁早收了这心，明年在我们行事里替你寻一个馆，每年寻几两银子，养活你那老不死的老娘和你老婆是正经！你问我借盘缠，我一天杀一个猪还赚不得钱把银子，都把与你去丢在水里，叫我一家老小嗑西北风！"一顿夹七夹八，骂的范进摸门不着。

范进中举后胡屠户的表现：

胡屠户上前道："贤婿老爷，方才不是我敢大胆，是你老太太的主意，央我来劝你的。"邻居内一个人道："胡老爹方才这个嘴巴打的亲切，少顷范老爷洗脸，还要洗下半盆猪油来！"又一个道："老爹，你这手明日杀不得猪了。"胡屠户道："我那里还杀猪！有我这贤婿，还怕后半世靠不着也怎的？我每常说，我的这个贤婿，才学又高，品貌又好，就是城里头那张府、周府这些老爷，也没有我女婿这样一个体面的相貌。你们不知道，得罪你们说，我小老这一双眼睛，却是认得人的。想着先年，我小女在家里长到三十多岁，多少有钱的富户要和我结亲，我自己觉得女儿像有些福气的，毕竟要嫁与个老爷，今日果然不错！"说罢，哈哈大笑。众人都笑起来。看着范进洗了脸，郎中又拿茶来吃了，一同回家。范举人先走，屠户和邻居跟在后面。屠户见女婿衣裳后襟滚皱了许多，一路低着头替他扯了几十回。

塑造胡屠户这一形象，是将他前后相反的言谈举止加以对比，在对比中描绘出了一个活脱脱的势利小人的形象。他以范进举业上的成败为标准，像科学仪器一样，准确测出范进地位的浮沉变易，从而决定自己的变化和变化的幅度。

吴敬梓穷形尽相地揭露了这些势利小人的嘴脸。这样，作者让人物的一招一式、一言一行处于前后矛盾之中，让人物处在自我暴露、自我嘲讽的地位，让讽刺对象被鲜活地刻画出来。

　　《儒林外史》的讽刺艺术特征是多方面的，还成功运用了民间谚语和歇后语。有的用于嘲讽官府，如"钱到公事办，火到猪头烂""死知府不如一个活老鼠"等；有的通过日常生活的体验说出寓意深刻的道理，如"老虎头上扑苍蝇""一斗米养个恩人，一石米养个仇人"等；有时在对话中连续用了一连串的谚语和歇后语，如第十四回差人向马二先生勒索时，一连用了"满天讨价，就地还钱""戴着斗笠亲嘴，差着一帽子""老鼠尾巴上害疖子，出脓也不多""打开板壁说亮话""秀才人情纸半张"等。巧妙运用这些民间语言，既使文章显得丰富生动，又体现了幽默讽刺的特点。

　　《儒林外史》在讽刺艺术方面取得的成就，绝不仅限于这些，我们需要进行更深入的研究。通过阅读小说，我们可以发现，作者对那些憎恶的现象、憎恶的人物的批判，并不只是一些庸俗的喜剧手法。由于作者看透了人情世故，把握了事物的本质，因此，讽刺就具有尖锐性、针对性，达到了"一鞭一条痕，一掴一掌血"的效果。

　　用诙谐的语言指摘作者深恶痛绝之事，婉约中藏有讥讽，这就是"无一贬词，而情怀毕露"的讽刺小说与"笔无藏锋"的谴责小说相比，在语言艺术上的独特之处。

《简·爱》：外国小说的阅读

导读1：探讨外国小说的文化内涵

同学们，有这样一个人，她曾对妹妹说："我要塑造一个女主人公给你们看，她像我一样矮小难看，可是她会像你们的任何一个女主人公那样令人感兴趣。"

说这句话的人是谁呢？是夏洛蒂·勃朗特。而她塑造的这个女主人公就是简·爱。

1847年，对英国文坛来说是值得纪念的一年，因为三颗耀眼的文学新星（同一个家庭的三姐妹），在这一年同时出现在英国文坛：夏洛蒂·勃朗特出版了《简·爱》，艾米莉·勃朗特出版了《呼啸山庄》，安妮·勃朗特出版了《艾格尼丝·格雷》。她们仨是世界文坛绕不过去的伟大作家，她们的作品成为英国文学的传世经典，对世界文学产生了深远的影响，打动着不同时代、不同语种、不同国家的读者。今天，我们就一起走近夏洛蒂·勃朗特和她的代表作《简·爱》。

一、人物关系

面对上百万字的一本书，我们如何用最短的时间知道它的主要内容呢？你有什么好办法吗？

当我们在一个比较短的时间内，无法完整地阅读一本书，而又想知道书中主要内容时，我们通常会选择浏览目录。目录是对书中内容的高度浓缩，相当于文章的小题目，通过看目录，我们可以把书本读薄了。

同学们，你们能用思维导图的形式，把小说的情节简要地呈现出来吗？我们可以根据简·爱生活地点的转变，来梳理情节。

本书一共38章。第1—4章讲述的是简·爱苦难的童年。简·爱是一个孤儿，寄住在舅母家，从小受尽侮辱和歧视。第5—10章讲述她被送进一家慈善学校——罗沃德学校，她在艰难的环境中成长。在那里，她学会了如何在恶劣的条件下生存，并最终成为该校的一名教师。后来，她登广告求职，来到桑菲尔德庄园。第11—27章主要讲述她担任庄园主人罗切斯特先生收养的小女孩阿尔的家庭教师。简·爱相貌平平，出身卑微，却真诚、独立自强，敢于表达自己的观点，因此罗切斯特被简·爱深深吸引，而简·爱也爱上了罗切斯特。就在他们即将成婚之际，简·爱得知罗切斯特已有妻室，就是被关在阁楼上的疯女人伯莎。简·爱拒绝了罗切斯特要她留下来的请求，离开了桑菲尔德庄园。第28—35章讲述无家可归的简·爱被圣约翰·里弗斯兄妹收留。圣约翰要去印度传教，他认为简·爱的品格非常适宜做牧师的妻子，于是向她求婚，而简·爱却对罗切斯特念念不忘。一天晚上，她仿佛听见罗切斯特在呼唤自己的名字，于是她又回到桑菲尔德庄园（第36章），却发现昔日的庄园已被伯莎点的一把火化为灰烬，而罗切斯特也在抢救伯莎时受伤，双目失明。第37—38章简·爱来到芬丁庄园，这时已经继承了一笔遗产的她决定留在罗切斯特身边，他们安静地举行了婚礼。

同学们，我们通过这种方式的梳理，初步认识了一个充满勇气、不向逆境妥协的自强不息的女性形象。

所以，在初次接触一本书时，我们可以通过看目录、导读、知识链接，或者前言、后记等来快速了解一本书的内容。

同学们，想要了解一个人物，除了看他个人的所言所行所思外，还需要看什么呢?

我们也要了解他和其他人的关系,看环境对他的影响。而且外国小说人物通常比较多,有时跨越的时间也比较长,加上某些名字拗口难记,所以我们可以绘制表格,做些基本了解。

拿《简·爱》来说,她的一生是不断抗争的一生。同学们,你们能不能根据简·爱的经历,找出和她有关的人物,分析她们之间的关系,体会简·爱的成长历程呢?

比如说,简·爱的出场是在盖茨黑德府,童年的她在这里饱受肉体的痛苦、灵魂上的屈辱、内心的恐惧等多重折磨。我们可以绘制人物关系图,通过感受舅妈里德太太的冷酷、表哥约翰的霸道、女仆贝茜的关切等,来看这短暂却铭刻在心的痛苦经历是如何磨炼简·爱的个性的。

那么,简·爱之后的人生之路上又遇到了哪些人呢?请你利用树状思维导图,理清楚人物之间的关系吧!

二、文化内涵

同学们，我们阅读一本书时，只了解故事梗概是远远不够的。特别是外国小说，因为国内外的风俗习惯、思维方式不太一样，所以要想很好地解读外国小说，就需要对其文化内涵有一定程度的认识和理解。

从西方文化的源泉来说，《圣经》对欧美人影响深远，在很多西方著作中或多或少地打上了宗教的烙印，《简·爱》这部作品也是如此。作者夏洛蒂·勃朗特出身于19世纪英国北部约克郡的一个牧师家庭，由于家境贫寒，小时候姐弟四人都在家中由身为牧师的父亲授课。他们从小诵读《圣经》，早晚祷告。其后，作者又受教于专供神职人员子女读书的慈善学校，长期的宗教文化熏陶，使基督教《圣经》的教义成为夏洛蒂思想的一部分。

《圣经》的总纲是："你要尽心、尽性、尽意，爱主你的神。"这是诫命中的第一要义，且是最大的。其次，就是要爱人如己。同学们，你们在阅读的时候，有没有注意到这些方面呢？能不能举些例子呢？

1.对我来说，生命似乎太短暂了，不应用来结仇和记恨。人生在世，谁都会有一身罪过，而且必定如此，但我相信，很快就会有这么一天，我们在摆脱腐坏躯体的同时，也会摆脱这些罪过。到那时，堕落与罪过将会随同累赘的肉体离开我们，只留下精神的火花——生命和思想的本源，它像当初离开上帝使万物具有生命时那么纯洁，它从哪里来就回到哪里去，也许又会被传递给比人类更高级的东西——也许会经过各个荣耀的阶段，从照亮人类的苍白灵魂，到照亮最高级的六翼天使。相反它决不会允许从人类坠落到魔鬼，是吧？

2.除了尘世，除了人类，还有一个看不见的世界，还有一个神灵的王国。这个世界就在我们周围，它无处不在。那些神灵看护着我们，因为它们身负保护我们的职责。即使痛苦和耻辱把我们折磨得死去活来，即使蔑视从四面八方向我们袭来，而憎恨又压得我们喘不过气来，天使也会看见我们所受的苦难，看出我们是无辜的，而上帝只在等待灵和肉的分离，然后再付给我们全部的报酬。那么，既然生命很快会结束，死亡又肯定会将我们引向幸福、荣耀之门，那么我们何必总是沉湎在痛苦中不能自拔呢？

请同学们浏览这些语段。简·爱的童年是不幸的，然而幸运的是在条件极其艰苦的寄宿学校罗沃德的生活中，简·爱遇到了一个内心修养有独到之处的女孩海伦·彭斯，两人成为贴心好友。然而一次疾病流行，夺去了海伦的生命。人虽逝去，思想犹存，海伦坚信世上纵然有许多不公，但上帝不会抛弃她，相信死后上帝会接待她，上帝会以他的慈爱抚平世上的一切不幸和心灵的伤痛。《简·爱》中的海伦·彭斯以一种被公认为懦弱的逆来顺受的处世之道彰显着非凡的人生哲学。使得心中充满对人生不平、对亲戚仇恨的简·爱，从友人身上学到了仁爱与宽容，她愿此生像海伦一样生活。从作者塑造的形象上，可以看出《圣经》的影响。

有同学从简·爱婚礼的中断中发现了这一点。当罗切斯特与简·爱来到教堂结婚，牧师正要宣布两人婚姻成立时，一位从伦敦赶来的律师声明："婚礼不能继续下去了，我宣布存在着一个障碍。障碍完全在于一次以前的婚姻，罗切斯特先生有一个妻子还活着。"可能我们读到这里时，也会疑惑深深爱着罗切斯特的简·爱为什么选择离开。原来，当时基督教会的法律是禁止离婚的，基督教把婚姻解释为夫妻合体婚礼，也就成为在神面前订立的终身"圣事契约"，只有一方死亡才能够解除。所以，自尊自强的简·爱不愿意委曲求全，只能选择离开。

还有同学提到书中的另一个人物，简·爱的表兄弟圣约翰，他是一个狂热的基督教信徒，打算去印度传教。他要求简·爱嫁给他并和他一起去印度，但原因只是简·爱适合成为传教士的妻子，简·爱最终拒绝了他。从这个拒绝中，是不是也能发现作者关于宗教的一些独特看法呢？

宗教尽管是一种意识形态，但是千百年来对政治、经济、文化有着极大的影响力和支配力，这一点在西方历史上尤其突出。因此，在《简·爱》中有着不少宗教的思想意识也就不足为奇了。据相关资料统计，这部小说中有60多处的描述、对白、独白都运用了《圣经》中的故事。

除了这些显性的直观的方面，其实还有隐性的抽象的方面。

比如说，我们熟悉的《圣经》中亚当和夏娃的故事。亚当和夏娃在伊甸园里生活得无忧无虑，但由于受到蛇的诱惑偷吃禁果失去了上帝的恩宠，被逐出伊甸园降为俗人。于是他们背负着"原罪"，在人世间开始了无尽的苦难，遭受着长满荆棘的土地的折磨，必须辛勤劳作直到归于尘土。可以说他们拥有了智慧却失去了乐园。那么，夏洛蒂笔下的男女主人公——简·爱和罗切斯特两人，是否也处于同样的境遇呢？建议同学们可以再从情节设置方面去探讨一下。

甚至说，我们熟悉的伊甸园，能否从桑菲尔德庄园的景物中找到一些影子呢？作者创作这本书，想表达哪些方面呢？同学们可以在看书时，边思考边动笔圈画，也许你们会有惊喜的发现。

可以这么说，分析《简·爱》的文化内涵，可以从小说的人物形象、情节设置、环境描写、创作的思想倾向方面入手，窥知一二。

为了赋予一部爱情小说以经典意义和神话的内涵，作者除了引用《圣

经》外，还引用了古希腊神话、历史典故、莎士比亚的著作等。下面，我们就书中受到这些经典影响的方面，一起交流一下吧。

你能说一些自己熟悉的古希腊神话故事或人物吗？例如，神王宙斯，太阳神阿波罗，将火种带至人间的普罗米修斯，杀了蛇发女妖美杜莎的波尔修斯，大力神赫拉克勒斯，天后赫拉，智慧女神雅典娜，等等。

在古希腊人的眼中，神的形象同人一样，有情欲、有善恶、有计谋、互有血缘关系，是人格化的神，这也就是"神人同形同性说"。古希腊人崇拜神，但同时赞美人，赞美人的勇敢和进取精神。不论众神还是人类，即便已经预见到事情的过程，也从不屈服于命运。古希腊神话中，充满着人本精神和对命运的反抗精神，即使是位于从属地位的女神或普通女性，也有许多去追求自我幸福，追求男女平等的故事。

由此，你能联想到《简·爱》中的什么吗？

莎士比亚说："最软的果子最先落在地上。"一个怕吃苦的人，永远摆脱不了寂寞与悲哀；怠惰与消极者，将使自己加速进入坟墓。虽然命运的不公让简·爱没有显赫的社会地位，没有漂亮的容颜，甚至没有什么积蓄，然而上帝却给予她一颗自尊的心，让她从小就拥有了独立的人格、反抗的精神。

作为爱情小说的女主人公，她勇敢坚定："我和你的灵魂是平等的。""我跟你一样有灵魂——也完全一样有一颗心！我现在不是凭习俗、常规，甚至也不是凭着血肉之躯跟你讲话，这是我的心灵在跟你的心灵说话，就仿佛我们都已离开了人世，两人一同站立在上帝的跟前，彼此平等——就像我们本来就是的那样！"

罗切斯特是简·爱的雇主，在地位如此悬殊的情况下，简·爱却敢于去爱，因为她坚信人在精神上都是平等的。一个穷教师爱上一个上流社会的人物，在等级森严的社会观念看来，无异于痴人说梦，所以这本身就是向社会偏见的大胆挑战，只有像简·爱这样并不把等级尊卑放在心上的人才能做到去坦坦荡荡地爱。

你还能找出类似的其他语句或具体事例吗？

古希腊神话被马克思赞扬为"不只是希腊艺术的宝库，而且是它的土壤"。经过岁月的沉淀依旧大放异彩，可以说，希腊神话故事是不朽的文学题材。而《简·爱》深受古希腊神话的影响，书中的主旨就是让我们在喧闹中寻找到内心的安宁，同时告诉我们，只有勇于反抗才能够摆脱等级束缚，迎来自由与平等！

同学们，其实，每一个民族的文学作品，都植根于民族的文化土壤。《简·爱》的叙事描写或人物对话中，经常涉及欧洲的历史、地理、文学等内容，常引用古希腊神话、莎士比亚剧作等名著，夹杂着法语、德语、意大利语，这彰显了作者的人文素养，体现了小说的文化内涵。

希望今后我们在阅读外国小说时，能借助它的文化内涵，品味小说的思想，探讨小说的主旨，体会作者的情感。

导读2：探讨外国文学的叙述视角

英国女作家夏洛蒂·勃朗特的《简·爱》，是英国文学史上乃至世界文学史上的经典作品。夏洛蒂·勃朗特通过描写主人公简·爱的成长轨迹和与罗切斯特的爱情经历，成功地塑造了一位追求真爱、平等，具有独立思想意识的女性楷模，是女性文学中优秀的代表作品之一。

在滚滚的历史长河中，很多文学作品被尘封在浩瀚的书海之中，然而《简·爱》仍然能够在文学的殿堂中散发着璀璨的光辉。尽管越来越多的文学作品横空出世，但是《简·爱》依然深深地印在读者的心中。下面，我们就从小说的叙述视角方面来谈谈《简·爱》的独特意义。

那么，什么是小说的叙述视角呢？请同学们看下面的例子。

大家也许还记得寓言《狐狸和狗》，故事内容大体是这样的：

狐狸钻进羊群，抱起一只正在吃奶的羊羔，假意抚爱他。狗见了，问道："你这是干什么呀？"狐狸说："我照料他，逗他玩。"狗说："你不立刻放下这羊羔，我就叫你尝尝狗的抚爱。"

【寓意：对于像狐狸一样狡猾的人，我们不能有丝毫的善意，要懂得以牙还牙。】

这个故事我们可以改编成另外两种版本。

1.我已经好几天没有吃一顿饱饭了，这年头，弄点吃的可真不容易。突然，我看到前面有一群羊。"哈哈，太好了，正好饱餐一顿。"我钻进羊群，一把抱起一只正在吃奶的小羊羔，"别怕，你真是太可爱了。"我假装抚爱它，不让它发出害怕的呻吟。这时，看护羊群的那只尖眼睛的狗发现了我，马上跑过来严肃地问："你这是干什么？"凶猛的狗实在太可怕了，我只好假意说："我照料他，逗他玩。"谁知狗立刻瞪着我说："你不立刻放下这羊羔，我就叫你尝尝狗的抚爱。"我一听，知道这狗识破了我，没办法，只好放下小羊羔，迅速离开这里。

2.又是一个温暖的日子，羊群在悠闲地吃草，我这里走走，那里看看，尽到一个守护的责任。突然，我发现一只狐狸贼头贼脑地钻进羊群，不好，他还抱起一只小羊羔。"这该死的混蛋，他又想打坏主意了。"我毫不犹豫地跑到他面前质问："你这是干什么？"它没料到我会出现，吓得往后退了几步，然后眼珠一转说："我照料他，逗他玩。""哼，狡猾的狐狸，想骗我可没那么容易。"我心想，便毫不犹豫地对他说："你不立刻放下这羊羔，我就叫你尝尝狗的抚爱。"狐狸一听，放下羊羔灰溜溜地逃走了。

同样的一个故事，用了三种讲法。这三种讲法有什么不同呢？第一个故事是第三人称，第二个故事狐狸变成了"我"，以狐狸的口吻来讲这个故事，第三个故事中狗变成了"我"，以狗的口吻来讲这个故事。内容一样，角度不同，效果也不同。

这涉及小说叙述视角问题。

"横看成岭侧成峰"，因为观察角度的不同，进入视野的情景自然也会有所不同。小说也是如此，作者要如何反映社会生活、刻画人物形象、表现社会情绪等，自然也与作者所选取的视角有关。作者可以站在云端看全景，也可以以"我"的身份体验生活，以"你"的方式切身感受，以"他（她）"的观点编织故事。

所以，所谓叙述角度，就是故事是由谁讲的，故事里发生的事是谁亲眼看到的，或者是谁想的。一般来说，小说的叙述视角有两层含义，一是叙述者的叙述视角，也就是作者的叙述视角；另一个是人物的叙述视角，即小说中的人物的叙述视角。前者，主要表现为人称的变化，即第一、二、三人称的叙述视角；后者，就是小说中从某一人物角度看人看事。

同学们，我们在统编版教材中学过的小说，叙事角度大多用第三人称或第一人称。这么写有什么好处呢？你能举点例子吗？

第三人称视野广阔，内容丰富。如古典名著节选《智取生辰纲》《范进中举》，俄国作家契诃夫的《变色龙》，当代作家曹文轩的《孤独之旅》，刘绍棠的《蒲柳人家》等。

第一人称便于拉近与读者的距离，便于抒情。如鲁迅的《故乡》《社戏》《孔乙己》。不过，《故乡》中的"我"是作品的主人公，而在《孔乙己》中"我"是小伙计，系旁观者叙述。莫泊桑的《我的叔叔于勒》，以一个小孩善良、纯真的第一视角，折射成人世界的世态炎凉、虚伪冷酷。

采用第一人称的叙述，一般都能写得感情细腻，真切感强，容易让读者产生共鸣。人物可以是主要人物，也可以是次要人物。采用第二人称叙述写作的情况较少见，但通过"你"的对话方式呈现，具有一定的感染力。而采用第三人称的叙述，叙述人掌控作品中人物的一切信息，在情节发展、气氛渲染、完整讲述故事等方面比较有优势。

《简·爱》这本书的叙述视角，是以第一人称展开的。作者以手写心，句句发自肺腑，情真意切，感人至深。好像不仅作者就是"我"，连读者也变成了小说中的"我"。

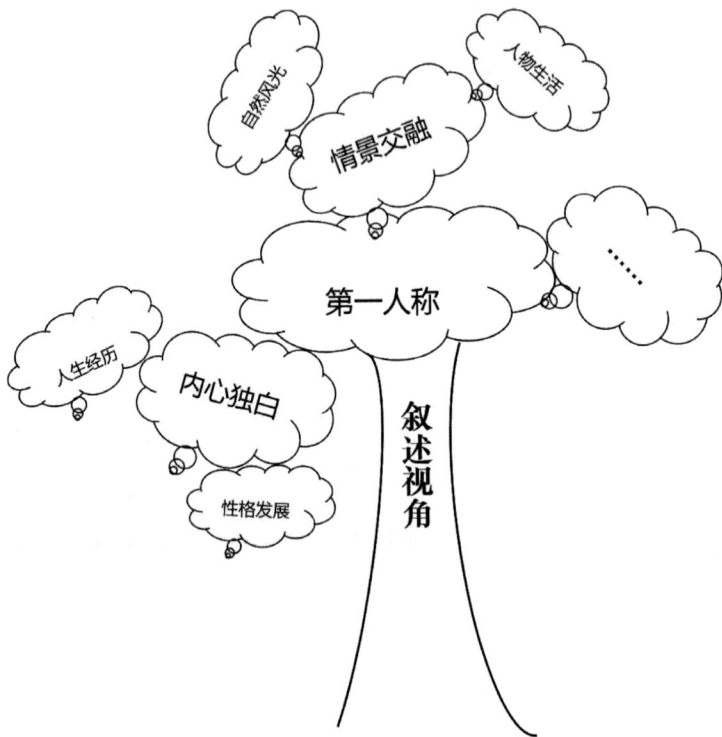

文中娓娓道来的内心独白，生活细腻的景物描写，使这本小说充满了魅力。让我们通过品味这些语言，来走进简·爱——"我"的内心世界吧。

我们先从盖茨黑德府的生活中找一找心理描写吧。

约翰·里德的凶暴专横，他姐妹的傲慢冷漠，他母亲的憎厌，仆人们的偏心，所有这一切，就像污井里的淤泥沉渣，在我乱糟糟的脑海里翻腾了起来。我为什么老受折磨，老受欺侮，老是挨骂，老是有错呢？为什么我总是不讨人喜欢？为什么我竭力想赢得别人好感却总是白费力气呢？伊丽莎既任性又自私，却受人尊敬。乔治安娜脾气已惯坏，刻薄恶毒，老爱寻事生非，蛮横无理，可大家都纵容她。她的美貌，她红红的双颊和金黄的鬈发，似乎能让每个见了她的人都喜欢，都能因此原谅她的任何一个缺点。至于约翰，谁也不会去违拗他，更不会去惩罚他，尽管他扭断鸽子的脖子，弄死小孔雀，放狗去咬羊，摘掉温室中葡萄藤上的葡萄，掰下花房里珍贵花木的幼芽；他还管他母亲叫"老姑娘"，有时还因她跟他有一样的黑皮肤而辱骂她，对她的话全然不听，不止一次撕破和弄坏她的绸衣服，可他仍然是她的"心肝宝贝"。而我，虽说小心翼翼不敢犯一点错，竭力把该做的事做好，可是从早到晚，依然成天被说成淘气、讨厌、阴险、鬼头鬼脑。

这段文字在第二章中，简·爱因与表兄约翰打架被锁进红房子，这段内心独白表现了简·爱追求平等、敢于反抗的性格特点。这样写可以直接表露主人公的心迹，抒发主人公对自己所遭受的不公平待遇而表现出的怨恨和不理解的情感，具有较强的感染力。

我们再到别的篇章中找找心理描写吧。

此外，遗产、遗赠这类字眼伴随着死亡、葬礼一类词。我听到我的叔父，我唯一一位亲戚故去了。打从知道他存在的一天起，我便怀着有朝一日要见他的希望，而现在，是永远别想见他了。而且这笔钱只留给我。不是给我和一个高高兴兴的家庭，而是我孤孤单单的本人。当然这笔钱很有用，而且独立自主是件大好事——是的，我已经感觉到了——那种想法涌上了我的心头。

这段话在第三十三章，体现了简·爱的金钱观，她更注重的是亲情和爱。这也预示着简·爱在精神上和经济上都独立了，拥有了和罗切斯特平等交往的基础。

这样的心理描写，文中比比皆是。

小说以人物的性格发展和人生经历为主线，辅以大量的内心独白来展示主人公的思想矛盾和精神斗争，即使是人与人之间的对话，也充满着刺激的辩论。同学们在阅读的时候，可以用笔标注出来，细细品味简·爱思想的变化。

同学们，不管是小说还是散文，不管是叙事性的文章还是抒情性的文章，作者在文章中描绘的景物总是融入了人物的情感，情与景的完美融合能够吸引读者，让读者在作品的美好风光中流连忘返。

《简·爱》这部小说就是用情景交融的手法写成的，简·爱这个"我"走到哪里，哪里的风光便呈现在读者眼中，而这些景物描写也能让读者的内心产生极大的共鸣。这就是小说的魅力所在。

同学们，你们能从文章中找一些景物描写的语段进行赏析吗？

那天，再出去散步是不可能了。没错，早上我们还在光秃秃的灌木林中漫步了一个小时，可是打从吃午饭起（只要没有客人，里德太太总是很早吃午饭），就刮起了冬日凛冽的寒风，随之而来的是阴沉的乌云和透骨的冷雨，这一来，自然也就没法再到户外去活动了。

…………

褶裥重重的猩红窗帘挡住了我右边的视线，左边却是明亮的玻璃窗，它们保护着我，使我免受这十一月阴冷天气的侵袭，又不把我跟它完全绝。在翻书页的当儿，我偶尔眺望一下冬日午后的景色。远处，只见一片白茫茫的云雾；近处，是湿漉漉的草地和风雨摧打下的树丛。连绵不断的冷雨，在一阵阵凄厉寒风的驱赶下横扫而过。

第一章讲述的是简·爱在舅妈家的生活遭遇。文中的环境描写既是简·爱活动的具体环境，同时也是一种象征性的环境，营造的凄冷氛围是简·爱与舅妈一家人际关系的形象描绘。这样的环境描写，真实地透露出简·爱心中的压抑、难过，衬托了主人公的心情。

一阵风顺着月桂树中间的小径吹来，颤抖着穿过七叶树的枝叶，飘然而去——吹向渺茫的远方——消失了。只有夜莺的歌声是这时唯一的声响。我听着听着，又哭了起来。

…………

……本来我也许会这么说出来的,但一道耀眼青色闪电突然从我望着的云堆里窜出,紧接着一声噼里啪啦的爆裂声,然后是近处的一阵轰隆隆的雷声。我除了赶紧把闪花了的眼睛贴在罗切斯特先生的肩上藏起外,别的什么也顾不上了。

大雨倾盆而下。他催我赶快走上小径,穿过庭园,逃进屋子。但没等我们进门,全身就已经完全湿透了。

这一章描写了简·爱和罗切斯特先生互相倾诉衷肠的情形,前一段的环境描写烘托了误会解除后人物的愉悦心情,随后而来的狂风、暴风雨则暗示着他们的结合充满了障碍,这里的环境描写既烘托了人物心情,又为下文简·爱的离别出走作铺垫。

作者在《简·爱》中将自然风光与主人公的生活有机结合,给人一种自由超脱的感觉。作者通过情节设置与景物描绘相结合的手法,让小说人物在新的环境中审视自我、审视世界,同时也在思考人与自然种种微妙的关系。

在小说中,简·爱面对自然的博大与烂漫的景物,不禁联想自己的生存处境,以前生活在那么压抑的环境中,一路坎坎坷坷,走到了现在,才发现自己的归宿应该是生活在无拘无束的自然世界中。作者正是通过这样奇特的自然景物描写,勾勒出人物的心理变迁。同学们可以根据简·爱的生活轨迹,去评析那些环境描写的作用。

同学们,第一人称的叙述满足了读者探知他人故事的欲望。细心的同学肯定还发现了一点,小说中的叙事者"我"与我们读者有交流,主动拉近了读者和主人公的距离。

文中经常出现"读者"字样。

1.读者呀,请听我解释。

2.我曾告诉过你,读者,我已经学会了爱罗切斯特先生。

3.读者，你也许会认为，这还会引起我的嫉妒吧——如果一个像我这样地位的女人，敢去嫉妒一位像英格拉姆小姐那样地位的女人的话。但是，我并不嫉妒，或者说很少嫉妒，我感到的痛苦不能用这个字眼来解释。英格拉姆小姐不值得我嫉妒，她不配让人产生那种感觉。

"我"在呼唤读者的过程中，加强了把广大读者视为亲密朋友的意识，这与书信体小说中的呼语行为十分相似。

作者夏洛蒂·勃朗特运用独特的叙事技巧，通过个人自我叙述的方式塑造了一位对爱情、生活、社会、宗教始终抱以独立自主的积极进取的态度，敢于斗争，敢于争取自由、争取平等地位的女性形象。这部小说其实是带有自传色彩的。

虽然书中的故事是虚构的，但是女主人公以及其他许多人物的生活、环境，甚至许多生活细节，都是取自作者及其周围人的真实经历。

夏洛蒂·勃朗特出生于约克郡的一个牧师家庭。五岁时母亲去世，八岁时被送入寄宿学校。那里恶劣的生活条件使她的两位姐姐先后死于肺病，于是她和妹妹艾米莉被父亲接回了家乡。十五岁时，她再次离开家乡，到伍勒小姐办的学校读书，几年后又在这所学校任教。后来她离开伍勒小姐的学校，边做家庭教师边写作。由于不能忍受贵妇人、阔小姐对家庭教师的歧视和刻薄，她放弃了家庭教师的工作。她打算自办学校，并说服姨妈资助自己和艾米莉去意大利进修法语和德语。1842年，夏洛特和艾米莉到布鲁塞尔生活了八个月，学习法语和音乐。虽然后来回国后办学不成，但是意大利之行却激发了她进行文学创作来表现自我的强烈愿望。

夏洛蒂·勃朗特精心塑造的简·爱——这个不平凡的女教师形象，正是作者复杂的人格、情感、意志的聚合与写照。

同学们，任何一部伟大的小说都离不开其创作的时代与社会环境。这本小说绝非仅是一部爱情小说，更是一部社会问题小说。小说从第一人称叙述视角，反映了生活在父权制下社会底层的女性内心的呐喊，表达了作者对女性抗争意识的呼唤和对当时社会的讽刺与批判。

我们可以了解一下《简·爱》诞生的时代与社会环境。

19 世纪的英国，男性处在主导地位，女性无论是在社会上还是在家庭中都没有丝毫地位可言。男性掌控一切领域，女性要无条件地服从于男性。可以说，女性在当时的社会上是很难找到工作并发展自己的事业的，就连基本的被人尊重的权利都没有。女性在受教育方面也没有权利，不能增加自己的才干，只能在家庭从事繁重的劳作。女性的唯一选择就是当个好妻子、好母亲。

以写作为职业的女性，会被认为违背了正当女性形象，会受到男性的激烈攻击。比如说，夏洛蒂二十岁时决定以文学创作作为自己的职业，并写信给诗人骚塞，希望得到他的建议，却被告知文学创作并非妇女所应从事的工作。在她创作期间，也只能用"柯勒·贝尔"这一男性笔名来发表文章。可见当时的女性作家面临着怎样的困境。而《简·爱》就是在这一背景下写成的。

小说通过对女主人公简·爱——"我"在叛逆、反抗、不屈中追求独立和平等的描写，勇敢地表达出了女性视角和女性主义的意识形态，这也在客观上真实反映了当时英国妇女的悲惨处境与命运，同时也凸显了妇女摆脱男子的压迫和歧视的强烈要求。可以说，这部小说的创作在英国文学史上可谓是一个创举。

同学们，请你们跟随简·爱的脚步，再次走一走她的人生之路。你们能从简·爱身上找到女性争取权利和社会地位的表现吗？

简·爱从最初毫无听众，只能躲在窗台看书的边缘状态，到后来以其大胆、直率的话语遭到像罗切斯特、圣约翰等的男性权威的否定，再到最后她占据了主动地位，成了罗切斯特的精神支柱。简·爱通过自己的反抗与斗争，使自己走上了理想之路，这也暗示了女性在反抗社会不公平、不平等待遇上必将取得胜利。这部小说反映了维多利亚时代小资产阶级知识女性的心声，体现了作者的美好愿望：希望千千万万个女性都能从简·爱身上找到追求平等与自由的反抗精神！

同学们，在英国的维多利亚时代，一切均由男性主宰的社会，女性几乎没有话语权。作者显然打破了当时男性垄断文坛的现实，表达了女性的个体意识。简·爱一改英国女性温柔可爱、逆来顺受的形象，在19世纪欧洲文学史上留下浓重的一笔，被后世称为现代女性的先驱和楷模。

有人说，小说是一个魔袋，袋子很小，却能从里面取出很多东西来。也有人说，小说是一座独特的桥梁，通过它可以从简单走向复杂，又可以从单纯走向丰富，在这座桥上来回走几遍，我们既可以看见五光十色的生活现象，又能发现生活的内在意义。

所以，请大家继续阅读此书，联系自己的生活经验，思索书中的思想精髓，体会书中蕴涵的人生智慧。并且在读后，将你读到的印象最深的情节讲给你的父母、朋友、同学听。